Grammatik kurz & bündig
DEUTSCH als Fremdsprache

für Anfänger und Fortgeschrittene,
mit Online-Übungen

von Heike Voit

Neubearbeitung
Joachim Neubold
Leoni Röhr

W0194689

PONS GmbH
Stuttgart

PONS
Grammatik kurz & bündig
DEUTSCH als Fremdsprache

mit Online-Übungen

von Heike Voit

Neubearbeitung
Joachim Neubold
Leoni Röhr

Auf der Basis von ISBN 978-3-12-561911-1.

PONS verpflichtet sich, den Zugriff auf die zu diesem Buch passenden Online-Übungen mindestens bis Ende 2018 zu gewährleisten. Einen Anspruch der Nutzung darüber hinaus gibt es nicht.

3. Auflage 2017

© **PONS GmbH, Stöckachstraße 11, 70190 Stuttgart, 2015**
www.pons.de
E-Mail: info@pons.de
Alle Rechte vorbehalten.

Online-Übungen: Alke Hauschild
Logoentwurf: Erwin Poell, Heidelberg
Logoüberarbeitung: Sabine Redlin, Ludwigsburg
Titelfoto: Vlado Golub, Stuttgart
Einbandgestaltung: Anne Helbich, Stuttgart
Illustrationen: Stefan Theurer, Eningen; Walter Uihlein, Altdorf
Layout: Petra Michel, Gestaltung & Typografie, Essen
Satz: Satzkasten, Stuttgart
Druck und Bindung: medienhaus Plump GmbH, Rheinbreitbach

ISBN: 978-3-12-562693-5

So benutzen Sie dieses Buch

Die **PONS Grammatik kurz & bündig DEUTSCH** bietet Ihnen eine übersichtliche Darstellung der aktuellen deutschen Sprache in Deutschland, Österreich und der Schweiz. Anhand zahlreicher deutscher Beispielsätze können Sie die Regeln der deutschen Sprache auf einfache und verständliche Weise erlernen oder wiederholen.

Wenn Sie schnell und gezielt etwas nachschlagen wollen, hilft Ihnen dabei unser Leitsystem: Orientieren Sie sich an den **Kopfzeilen** mit den Kapitel- und Unterkapitelüberschriften.

Unter der Rubrik **Leicht gemerkt!** finden Sie das Wichtigste zu jedem Kapitel in diesem Buch noch einmal in Kurzform zusammengefasst. Wenn Sie sich also zu einem bestimmten Grammatikthema einen kurzen, aber gründlichen Überblick verschaffen wollen, dann können Sie sich an diesem Leicht-Merk-System orientieren!

Darüber hinaus helfen Ihnen zahlreiche **Leicht-Gemerkt!-Tipps** schwierige Regeln besser zu verstehen und sich diese leichter zu merken.

Bei der Arbeit mit diesem Buch helfen Ihnen die folgenden Symbole:

 Hier wird auf eine Regel oder Besonderheit hingewiesen, die Sie nicht übersehen sollten.

 Kleine Tipps verraten Ihnen an dieser Stelle, wie Sie sich die Regeln besser merken können.

▶ Hier wird auf eine andere Stelle im Buch verwiesen.

Im Anhang finden Sie außerdem umfangreiche **Erklärungen wichtiger Grammatikbegriffe** und ein ausführliches **Stichwortregister**, mit dem Sie nach bestimmten Themen gezielt suchen können. So wird die **PONS Grammatik kurz & bündig DEUTSCH als Fremdsprache** zu Ihrem wertvollen Begleiter beim Erlernen der deutschen Sprache.

Zu allen Grammatik-Themen, die in diesem Buch behandelt werden, finden Sie online unter **www.pons.de/grammatikportal** insgesamt mehr als 100 Übungen, mit denen Sie aktiv und sicher in der Sprache werden. Auf der Innenseite des vorderen Buchdeckels wird Ihnen Schritt für Schritt erklärt, wie Sie zum PONS-Grammatikportal gelangen.

Viel Spaß und Erfolg!

Inhalt

Laute und Buchstaben

Das deutsche Alphabet hat 26 große und 26 kleine Buchstaben:

A	B	C	D	E	F	G	H	I	J	K	L	M
a	b	c	d	e	f	g	h	i	j	k	l	m
N	O	P	Q	R	S	T	U	V	W	X	Y	Z
n	o	p	q	r	s	t	u	v	w	x	y	z

 Dazu kommen die Umlaute **Ä Ö Ü** bzw. **ä ö ü** und das **ß** (allerdings nicht in der Schweiz, dort schreibt man immer ss).
Im Deutschen kann man nicht eindeutig von der Aussprache auf die Schreibung und umgekehrt schließen.

 Wer sich bei der Schreibung unsicher ist, sollte in jedem Fall in ein Wörterbuch zur deutschen Rechtschreibung sehen.

Vokale	
Laut	Beispielwort
[a]	*hat*
[aː]	*Abend*
[ɐ]	*der*
[ɛ]	*sprechen*
[eː]	*gehen*
[ə]	*viele*
[ɪ]	*mit*
[iː]	*Ziel*
[ɔ]	*oft*
[oː]	*Lohn*
[ʊ]	*Mutter*
[uː]	*Fuß*

Umlaute	
Laut	Beispielwort
[œ]	*können*
[øː]	*schön*
[ɛ]	*fällen*
[ɛː]	*zählen*
[ʏ]	*füllen*
[yː]	*fühlen*

Diphthonge	
Laut	Beispielwort
[aɪ]	*Hai, bei*
[aʊ]	*Haus*
[ɔɪ]	*Säule, neu*

Konsonanten	
Laut	Beispielwort
[b]	*Ball*
[ç]	*mich*
[x]	*lachen*
[d]	*danke*
[f]	*fein*
[g]	*geben*
[h]	*Haus*
[j]	*ja*
[kʰ]	*Kind*
[l]	*Liebe*
[m]	*Mädchen*
[n]	*nein*
[ŋ]	*lang*
[pʰ]	*Paar*
[ʀ]	*warum*
[s]	*missen, Maß*
[ʃ]	*schon, Stein*
[tʰ]	*Tisch*
[v]	*wo*
[z]	*sehr*
[ʒ]	*Garage*
[ts]	*Zeit, Blitz*
[tʃ]	*deutsch*

DER ARTIKEL

Artikel stehen vor dem Substantiv. Sie haben die Funktion eines Begleiters.

***Der** Name „Horst" ist deutsch.*

Es gibt folgende Artikel:

- Bestimmte Artikel: **der** Hund, **die** Katze, **das** Pferd
- Unbestimmte Artikel: **ein** Hund, **eine** Katze, **ein** Pferd
- Negationsartikel: **kein** Hund, **keine** Katze, **kein** Pferd

Die Artikel passen sich in Genus, Numerus, Kasus dem Substantiv an:

***Der** Hund ist schon alt.* (Maskulinum, Singular, Nominativ)
***Der** Katze schmecken Mäuse.* (Femininum, Singular, Dativ)
***Die** Pferde fressen Gras.* (Neutrum, Plural, Nominativ)

▶ Substantive, S. 13 ff.

1. Der bestimmte Artikel

Dieser Artikel bezeichnet etwas Konkretes oder schon Bekanntes.

*Das ist **der** Hund unseres Nachbarn. **Die** Katze von nebenan kommt auch immer zu uns. Und **das** Pferd gehört den Kindern.*

der Hund

die Katze

das Pferd

Formen des bestimmten Artikels

	Singular			Plural
	Maskulinum	Neutrum	Femininum	
Nominativ	**der** Hund	**das** Pferd	**die** Katze	**die** Tiere
Akkusativ	**den** Hund	**das** Pferd	**die** Katze	**die** Tiere
Dativ	**dem** Hund	**dem** Pferd	**der** Katze	**den** Tieren
Genitiv	**des** Hundes	**des** Pferdes	**der** Katze	**der** Tiere

2. Die Verbindung von Präposition und bestimmtem Artikel

Der bestimmte Artikel kann sich mit einigen Präpositionen verbinden.

▸ Präpositionen, S. 124 ff.

am	an + dem	**Am** Montag gehen wir tanzen.
ans	an + das	Wir wollen **ans** Ufer schwimmen.
aufs	auf + das	Die Katze ist **aufs** Dach geklettert.
beim	bei + dem	Wir müssen pünktlich **beim** Arzt sein.
im	in + dem	**Im** Garten blühen jetzt Veilchen.
ins	in + das	Wir wollen **ins** Kino.
vom	von + dem	**Vom** Fenster aus sehe ich die Kinder.
zum	zu + dem	**Zum** Hafen ist es nicht weit.
zur	zu + der	Er geht nicht gern **zur** Schule.
...		

3. Der unbestimmte Artikel

Dieser Artikel bezeichnet etwas Neues oder Allgemeines.

*Gestern habe ich **einen** Hund gesehen. Das wird heute **ein** schöner Tag.*

Formen des unbestimmten Artikels

	Singular			Plural
	Maskulinum	Femininum	Neutrum	
Nominativ	**ein** Hund	**eine** Katze	**ein** Pferd	---
Akkusativ	**einen** Hund	**eine** Katze	**ein** Pferd	---
Dativ	**einem** Hund	**einer** Katze	**einem** Pferd	---
Genitiv	**eines** Hundes	**einer** Katze	**eines** Pferdes	---

Im Plural gibt es keinen unbestimmten Artikel.
▸ In Kapitel 3 (Pronomen) gibt es weitere Beispiele für diese Formen.

4. Der Negationsartikel

Mit dem Artikel **kein** kann man etwas verneinen. Er setzt sich aus
k + ein/eine/ein zusammen.

*Ich habe **keinen** Hund, **keine** Katze und **kein** Pferd. Ich habe nur einen
Goldfisch.*

Kein steht als Artikel vor Substantiven ...

* statt eines unbestimmten Artikels

    Sie ist eine gute Schauspielerin. ▶ *Sie ist **keine** gute Schauspielerin.*

* ohne Artikel

    Sie ist Schauspielerin. ▶ *Sie ist **keine** Schauspielerin.*

Formen des Negationsartikels

	Singular			Plural
	Maskulinum	Femininum	Neutrum	
Nominativ	**kein** Hund	**keine** Katze	**kein** Pferd	**keine** Tiere
Akkusativ	**keinen** Hund	**keine** Katze	**kein** Pferd	**keine** Tiere
Dativ	**keinem** Hund	**keiner** Katze	**keinem** Pferd	**keinen** Tieren
Genitiv	**keines** Hundes	**keiner** Katze	**keines** Pferdes	**keiner** Tiere

Im Singular sind die Endungen des unbestimmten und des Negationsartikels gleich. Im Unterschied zu **ein** hat **kein** aber Pluralformen.

5. Die Negation mit *nicht* bei Substantiven mit bestimmtem Artikel

Steht bei der Verneinung vor dem Substantiv ein bestimmter Artikel,
wird **nicht** gebraucht. **Nicht** steht dann vor dem bestimmten Artikel.

Das ist die Schauspielerin, zu der die Rolle der Julia passt.
*Das ist **nicht** die Schauspielerin, zu der die Rolle der Julia passt.*

6. Der Gebrauch der Artikel

Der bestimmte Artikel steht bei Begriffen, die einmalig sind:

- geografische Eigennamen   *die Alpen, der Bodensee, der Rhein*
- einige Staatsnamen   *die Türkei, die Schweiz, der Irak*
- Staatsnamen im Plural   *die USA, die Philippinen*
- Landschaftsnamen   *der Schwarzwald*
- bekannte Bauwerke   *das Brandenburger Tor, der Eiffelturm*
- Namen für Institutionen   *das Landratsamt, das Rathaus*
- Namen für Persönlichkeiten   *der Papst, die Queen*
- Abstrakte Eigennamen (Epochen, historische Ereignisse)   *der Expressionismus, die Novemberrevolution*

Im Süddeutschen, in Österreich und in der Schweiz steht in der Umgangssprache vor dem Vornamen häufig der bestimmte Artikel.

***Der** Luis hat gesagt, dass **der** Franz krank ist.*

Das wichtigste Merkmal des <u>bestimmten</u> Artikels ist also: **Einmaligkeit** bzw. **Bestimmtheit**.

Demgegenüber ist das wichtigste Merkmal des <u>unbestimmten</u> Artikels: **Wiederholbarkeit** bzw. **Undefiniertheit**.

Überprüfen Sie diese Gegenüberstellung am besten gleich an den folgenden Beispielsätzen.

Unbestimmter Artikel	**Bestimmter Artikel**
Es geht um etwas **Neues**:	Es geht um etwas **Bekanntes**:
*Kaufe morgen bitte **ein** Brot.*	*Soll **das** Brot frisch sein?*
*Ich habe **eine** Frau gesehen.*	***Die** Frau hatte grüne Haare.*
Es geht um **nichts Konkretes / Bestimmtes**:	Es geht um **etwas Konkretes / Bestimmtes**:
*Gib mir bitte **ein** Glas.* (Es ist egal, welches.)	*Gib mir bitte **das** Glas.* (Ein bestimmtes Glas ist gemeint.)
*Das war **eine** große Freude.*	*Das war **die** größte Freude seines Lebens.*

Die Artikel in Verbindung mit *sein* und *werden*:

Unbestimmter Artikel	**Bestimmter Artikel**
Es geht um Eigenschaften, die auch andere Personen haben können.	Es geht um Eigenschaften, die sonst niemand hat.
*Er ist **ein** guter Schauspieler.*	*Er ist **der** Schauspieler, der den Romeo gespielt hat.*
*Sie wurde **eine** gute Schauspielerin.*	*Sie wurde **die** bekannteste Schauspielerin in Deutschland.*
*Er ist **ein** kluger König.*	*Er ist **der** Sonnenkönig.*

7. Ohne Artikel

Es steht kein Artikel:

• beim Plural von unbestimmten Artikeln	*Ich muss Nudeln einkaufen.*
• bei Vornamen	*Hans und Franz essen Eis.*
• bei Nachnamen	*Guten Tag, Herr Becker!*
• bei Berufsbezeichnungen (ohne Zusätze von Adjektiven)	*Er ist Schauspieler.*
• bei Angaben der Nationalität	*Ich bin Deutscher, du bist Franzose.*
• bei Angaben der Religion	*Sie ist Jüdin und er ist Moslem.*
• bei nicht zählbaren Dingen	*Geh doch bitte Mehl kaufen.*
• bei Abstrakta	*Ich habe Schmerzen.*
• bei den Kontinenten	*Europa ist kleiner als Asien.*
• bei Ländern	*Er kommt aus Schweden.*
• bei Städten	*In Stockholm ist im Sommer viel los.*
• bei Krankheiten	*Seine Mutter leidet an Asthma.*
• bei Überschriften	*Panik im Tokio-Express*
• oft bei Buchtiteln	*„Krieg und Frieden", „Harry Potter"*
• bei Aufzählungen	*Zu verkaufen: kleines Haus mit 2 Zimmern, Küche, Bad und Garten*

▶ Der Negationsartikel, S. 9

Der bestimmte Artikel bezeichnet etwas Bestimmtes oder Bekanntes, der unbestimmte etwas Allgemeines oder Neues.

Die Artikel im Überblick:

	Maskulinum	Femininum	Neutrum	Plural
bestimmter Artikel	*der*	*die*	*das*	*die*
unbestimmter Artikel	*ein*	*eine*	*ein*	-
Negationsartikel	*kein*	*keine*	*kein*	*keine*

Grammatik lässt sich einfacher lernen, wenn man Informationen komprimiert. Deswegen merken Sie sich am besten folgende Parallelen:

Grundform siehe Tabelle	m. Nom. Sg.; f. n.: Nom. + Akk. Sg.; Pl. m., f. + n.: Nom. + Akk.
Endung: *-n*	m. Akk. Sg. + Dat. Pl.
Endung: *-m*	m. + n. Dat. Sg.
Endung: *-s*	m. + n. Gen. Sg.
Endung *–r*	f. Dat. + Gen. Sg.; Gen. Pl.

Wenn Sie eine Präposition mit einer Endung sehen, ist das schon ein Hinweis darauf, dass sich hier ein Artikel in einem bestimmten Fall versteckt. So lässt sich die Präposition **zur** leicht in **zu der** (f. Dat.) zerlegen, die Präposition **vom** leicht in **von dem** (m. oder n. Dat.).

Lerntipp: Neue Wörter sollten Sie grundsätzlich zusammen mit dem Artikel lernen. Sie erleichtern sich die Arbeit, wenn Sie die Wörter auf unterschiedlich farbigen Kärtchen notieren, z. B.:

* männliche Substantive: blaues Papier
* weibliche Substantive: rotes Papier
* sächliche Substantive: grünes Papier

DAS SUBSTANTIV (NOMEN)

Substantive schreibt man groß.

Außerdem haben sie noch drei wichtige Merkmale:

1. das Genus: (das grammatische Geschlecht)

Maskulinum:	**der** Löffel
Femininum:	**die** Gabel
Neutrum:	**das** Messer

Lernen Sie das Substantiv immer zusammen mit dem Artikel.

2. der Numerus: (die grammatische Zahl)

Singular:	**der** Topf
Plural:	**die** Töpfe

3. der Kasus: (der grammatische Fall)

__Der__ Tee schmeckt. __Den__ Tee mag ich nicht.

Das Substantiv kann den Kasus und den Numerus wechseln, normalerweise aber nicht das Genus.

Vor den Substantiven können verschiedene Wörter stehen:

- **Bestimmter und unbestimmter Artikel**
  ► Kapitel 1, S. 7 ff.

  __das__ Haus, __ein__ Haus

- **andere Artikelwörter**
  ► Kapitel 3, S. 32 ff.

  __jeder__ Mensch, __diese__ Frau, __dein__ Haus

- **Adjektive**
  ► Kapitel 4, S. 46 ff.

  Das ist ein __schöner__ Herbst.

- **Zahlwörter**
  ► Kapitel 5, S. 55 ff.

  Es wiegt __hundert__ Gramm.

- **Partizipien**
  ► Kapitel 6, S. 81 f.

  Er hat ein __gebrauchtes__ Fahrrad.

Hinter den Substantiven können Substantive mit Artikelwort im Genitiv stehen. Dann drücken sie eine Zugehörigkeit aus.

*Das ist die Geschichte **der Romanovs**.*
(Die Familie Romanov hat eine Geschichte.)

*Ich kann den Hund **unserer Nachbarin** nicht leiden.*
(Der Hund gehört der Nachbarin.)

Substantive bezeichnen:

* **Konkretes**
  Lebewesen:
  Menschen, Tiere, Pflanzen   *das Kind, die Ärztin, der Löwe, die Fichte*
  Dinge/Sachen   *das Buch, die Tasche, der Strumpf*

* **Abstraktes**   *die Aufregung, der Spaß, die Demokratie*

* **Eigennamen**:
  Personennamen   *Paul, Marie*
  geografische Eigennamen   *Berlin, der Rhein, der Harz*
  historische Eigennamen   *die Französische Revolution,*
  der Dreißigjährige Krieg

1. Das Genus des Substantivs

Die deutsche Sprache kennt **drei** grammatische Geschlechter:
Maskulinum, Femininum und Neutrum.
Die Artikel *der, die, das* machen das Geschlecht deutlich.
▸ Der Artikel, S. 7 ff.

Maskulinum (= männlich)		Neutrum (= sächlich)		Femininum (= weiblich)	
der	Vater	**das**	Kind	**die**	Mutter
der	Hund	**das**	Futter	**die**	Katze
der	Zucker	**das**	Brot	**die**	Wurst

Ohne Artikel ist es oft schwer, das Genus der Substantive zu erkennen. Nur bei Personen ist es leicht, denn das natürliche Geschlecht ist mit dem grammatischen Geschlecht identisch (s.o.).

Und warum *das Mädchen*? Hier gilt die Regel leider nicht. Verkleinerungsformen mit der **Endung -chen** sind immer Neutrum.

- Bei der Zuordnung zum Genus wird manchmal nicht zwischen Mann und Frau unterschieden:

  der Mensch, der Gast, das Mitglied

- ebenso bei Kurzwörtern mit der Endung *-i*:

  der Hiwi (Hilfswilliger), der Azubi (Auszubildender)

- Das Geschlecht mancher Substantive ist nur am Artikel zu erkennen, weil sich das Wort nicht ändert:

  der Schlafende/die Schlafende, der Reisende/die Reisende

- Bei manchen Substantiven wechselt das Genus, weil es regionale Unterschiede gibt:

  der/das Cola, die/das E-Mail

▶ Kapitel 10, Grammatische Varianten des Standard-Sprachgebrauchs in Österreich und der Schweiz

Manche **Wortendungen** geben einen Hinweis auf das Genus:

Typische Wortendungen, nach Genera sortiert:

Feminine Wortendungen:	Feminine Substantive:
-e (nicht immer!)	*die Katze, die Erde, die Blume*
-in	*die Freundin, die Ärztin, die Läuferin*
-frau	*die Bürokauffrau, die Bankkauffrau*
-ei	*die Bäckerei, die Träumerei*
-keit	*die Süßigkeit, die Müdigkeit, die Herzlichkeit*
-heit	*die Gesundheit, die Krankheit, die Faulheit*
-schaft	*die Freundschaft, die Gesellschaft*
-ung	*die Sendung, die Heizung, die Endung*
Fremdwörter auf -ät, -ik, -ion, -ie, -ur, -enz	*die Universität, die Kritik, die Position, die Demokratie, die Kultur, die Existenz*

Die Namen der Bäume und vieler Blumen sind feminin:
die Tanne, die Eiche, die Rose, die Lilie

Neutrale Wortendungen:	Neutrale Substantive:
-chen	das Häuschen, das Mäuschen, das Höschen
-lein	das Häuslein, das Mäuslein, das Höslein
-ment	das Testament, das Dokument
-nis	das Geheimnis, das Gefängnis, das Gleichnis
-tum	das Griechentum, das Brauchtum, das Eigentum
-um	das Datum, das Museum, das Zentrum

Substantivierungen: Man kann Verben, Adjektive etc. zu Substantiven machen. Sie sind dann neutral.

- Substantivierte Verben im Infinitiv
  das Rauchen (Rauchen verboten)
- Substantivierte Adjektive:
  das Gute (Alles Gute)

Maskuline Wortendungen:	Maskuline Substantive:
-er (meist)	der Maurer, der Bäcker, der Spieler
-en	der Besen, der Rasen, der Ofen
-ig	der Pfennig, der Essig, der Honig
-ling	der Zwilling, der Liebling, der Frühling
Fremdwörter:	
-or	der Motor, der Katalysator, der Organisator
-ismus	der Kapitalismus, der Kollektivismus, der Pessimismus
-ist	der Pessimist, der Optimist, der Polizist

Was ist noch maskulin?

- Die Namen der Jahreszeiten, Monate und Wochentage: *der Sommer, der Mai, der Montag*
- die Himmelsrichtungen: *der Norden, der Süden, der Osten, der Westen*
- Wettererscheinungen: *der Regen, der Schnee, der Nebel, der Frost*
- Automarken: *der Skoda, der Volvo, der BMW*
- Namen von Spirituosen: *der Whisky, der Gin, der Wodka*
- Namen von Gebirgen, Bergen, ausländischen Flüssen: *der Harz, der Vesuv, der Nil*

Es gibt im deutschen drei Genera:

- Maskulinum: **der** *Strand*
- Femininum: **die** *Welle*
- Neutrum: **das** *Meer*

Häufig gibt die <u>Wortendung</u> einen Hinweis auf das Genus. Um sich zu merken, welche Endungen und Wortgruppen für welches Genus typisch sind, können Sie sich für jedes Genus eine Geschichte ausdenken. Eine Femininum-Geschichte könnte zum Beispiel so aussehen:

Eine **Frau** träumte davon, Lehrer**in** zu werden. Sie wollte sich nicht nur mit den Themen Küch**e**, Relig**ion** und Erzieh**ung** beschäftigen, die **Blumen** gießen und das Laub der **Bäume** harken. Eines Tages beschloss sie, ihre Träumer**ei** Realit**ät** werden zu lassen. Sie schrieb sich an der Universit**ät** ein. Aus den unterschiedlichen Wissen**schaft**en wählte sie Mathemat**ik** und Biolog**ie** für sich. Die Konkurr**enz** war zwar groß, doch mit Beharrlich**keit** und Klug**heit** schaffte sie es schließlich sogar, eine Profess**ur** zu bekommen.

Hilfreich ist es auch, wenn sie Phantasienamen aus den Endungen bilden. Ein männlicher Merkname könnte beispielsweise sein:

Igor Istlinger Ismusen (Ig-or Ist-ling-er Ismus-en).

Für <u>zusammengesetzte Substantive</u> gilt folgende einfache Regel:

Das Genus des letzten Teilworts bestimmt das Genus des gesamten Wortes:

die *Armband***uhr** (Zusammensetzung aus **der** *Arm*, **das** *Band*, **die** *Uhr*): Das Kompositum ist weiblich, weil das letzte Wort (**die** *Uhr*) weiblich ist.
ebenso: **die** *Kirchturm***uhr** (Zusammensetzung aus **die** *Kirche*, **der** *Turm*, **die** *Uhr*)

▶ Komposita, S. 114 ff.

2. Der Numerus

Substantive haben in der Regel einen Singular und einen **Plural**.
Singular ist die grammatische **Einzahl** (*das Buch*).
Plural ist die grammatische **Mehrzahl** (*die Bücher*).

Der Singular

Manche Wörter gibt es **nur im Singular**, weil man sie **nicht zählen** kann.

* Abstrakta: *die Geduld, der Fleiß, der Mut*

* Stoffnamen aus der Natur: *das Gold, der Granit, der Sauerstoff*

* im Zusammenhang mit dem Wetter: *der Schnee, der Regen, der Nebel*

* Kollektiva (Sammelnamen)
  für Dinge: *das Geschirr, das Gepäck, das Besteck*

  für Personengruppen: *die Verwandtschaft, der Adel, das Publikum*

  für Tiere und Pflanzen: *das Wild, das Getreide, das Obst*

* Substantivierte Infinitive: *das Gehen, das Laufen, das Lernen*

* Mengen und Maße: *500 Gramm Salami, 2 Meter Stoff*

Der Plural

Plural bedeutet Mehrzahl. Der bestimmte Artikel heißt für alle Substantive *die*.

Es gibt verschiedene Möglichkeiten der Pluralbildung (s. Folgeseite):

	Singular	Plural	Wortgruppe
Typ 1: -e (oft mit Umlaut)	*der Frosch* *das Fest* *die Braut*	*die Frösche* *die Feste* *die Bräute*	viele einsilbige Substantive
	das Gedicht	*die Gedichte*	Neutra auf **Ge-**
Typ 1: -e (oft mit Umlaut)	*der Kommissar* *der Salat*	*die Kommissare* *die Salate*	mehrsilbige Maskulina
	der Säugling	*die Säuglinge*	Maskulina auf **-ling**
+ s!	*das Geheimnis*	*die Geheimnisse*	Neutra auf **-nis**
Typ 2: **-n, -en**			bei Wortendung auf
-n	*die Seife* *der Junge* *die Feder* *die Regel*	*die Seifen* *die Jungen* *die Federn* *die Regeln*	**-e** **-er** **-el**
-en	*die Tat* *die Tischlerei* *die Frau*	*die Taten* *die Tischlereien* *die Frauen*	Konsonant **-ei** **-au**
+ n!	*die Freundin*	*die Freundinnen*	**-in**
Typ 3: – (endungslos)	*der Tunnel* *der Mantel*	*die Tunnel* *die Mäntel*	**-el** (mit oder ohne Umlaut)
	das Wunder *der Vater*	*die Wunder* *die Väter*	**-er** (mit oder ohne Umlaut)
	das Leben *der Ofen*	*die Leben* *die Öfen*	**-en** (mit oder ohne Umlaut)
	das Mäuschen *das Häuslein*	*die Mäuschen* *die Häuslein*	**-chen** und **-lein**
Typ 4: -er	*das Feld*	*die Felder*	einsilbige Neutra
	das Holz	*die Hölzer*	Neutra mit Umlaut
	der Mann	*die Männer*	einige Maskulina mit Umlaut
Typ 5: -s	*das Taxi*	*die Taxis*	Fremdwörtern auf Vokal

Bei diesen Fremdwörtern steht im Plural **-en:**

die Firma	*die Firm**en***	*der Atlas*	*die Atlant**en***
die Praxis	*die Prax**en***	*das Museum*	*die Muse**en***
der Kaktus	*die Kakte**en***	*der Globus*	*die Glob**en***

Manchmal bleiben die **fremden Pluralendungen** erhalten:

das Lexikon *die Lexik**a***   *das Praktikum* *die Praktik**a***

Manche Substantive gibt es nur im Plural.

- Geografische Bezeichnungen: *die Alpen, die Antillen, die USA*
- Personengruppen: *die Eltern, die Geschwister, die Leute*
- Zeitabschnitte: *die Ferien, Flitterwochen*
- Kollektiva: *die Tex*tilien, die Finanzen, die Personalien*

LEICHT GEMERKT

Es gibt im Deutschen acht Pluralendungen:

-e, **-e + Umlaut**, **-n**, **-er**, **-er + Umlaut**, **-** (Nullendung), **- + Umlaut**, **-s**.

Es gibt kaum 100 % zuverlässige Regeln, wann welche Endung steht. Folgende Faustregel kann die Wahl aber etwas erleichtern:

Singular-Endung	Genus	Plural-Endung
-a, **-i**, **-o**, **-u**, betontes **-e** (auch Fremdwörter die auf einen Vokal oder einen Nasal ausklingen wie Atelier oder Bonbon	alle	**-s**
unbetontes **-e**	alle	**-n**
-el, **-er**, **-en** (für m. + n.)	m. + n.	**-** / **-** mit Umlaut
	f.	**-n**
Kons. (einsilbige Subst.)	m.	**-e** / **-e** mit Umlaut
	n.	**-er** / **-er** mit Umlaut
	f.	**-en**
Kons. (mehrsilbige Subst.)	m.+ n.	**-en** oder **-e**
	f.	**-en**
-tum	m.+n.	**-er** / **-er** mit Umlaut

Am besten lernen Sie den Plural der Substantive immer mit.

3. Der Kasus

Das Substativ hat verschiedene Funktionen im Satz, zum Beispiel als Subjekt oder Objekt. Je nach Funktion ändern sich das Begleitwort und manchmal auch das Substantiv.

Für den Wechsel des Kasus sind bestimmte Wortarten verantwortlich, zum Beispiel das Verb, das Adjektiv oder die Präposition. Man sagt: Das Verb oder die Präposition regiert den Kasus (Rektion der Verben; Rektion der Präpositionen, Rektion der Adjektive). Bei den meisten Verben, Präpositionen etc. ist festgelegt, welcher Kasus folgt.

Die vier Kasus haben folgende Namen:

Der Nominativ:

Er steht a) für das Subjekt des Satzes und b) nach den Verben *sein, bleiben, werden.*

Beispiel: a) **Der Kandidat** *gewinnt eine Million Euro.*
         b) *Er ist und bleibt* **ein guter Arzt**.

Der Akkusativ:

Er steht a) für das Akkusativobjekt des Satzes und b) immer nach den Präpositionen *durch, für, gegen, ohne, um.*

Beispiel: a) *Wir nehmen* **einen Salat**, *bitte.* (*nehmen* regiert den Akkusativ)
         b) *Dieses Geschenk ist für* **meinen Vater**.

Der Dativ:

Er steht a) für das Dativobjekt des Satzes und b) immer nach den Präpositionen *aus, bei, mit, von, zu.*

Beispiel: a) *Antworte* **deiner Mutter** *schnell.* (**antworten** regiert den Dativ)
         b) *Ich möchte noch ein Stück von* **diesem Kuchen**.

Der Genitiv:

Er steht a) für ein Genitivobjekt, b) als Attribut für ein anderes Substantiv oder nach bestimmten Präpositionen, zum Beispiel *wegen, trotz, infolge, dank.*

Beispiel: a) *Ich erinnere mich* **des Mannes** *nicht.* (**erinnern** regiert den Genitiv)
         b) *Das ist die Telefonnummer* **meiner Freundin**.
         c) *Wir konnten wegen* **des Regens** *leider nicht wandern gehen.*

Typen der Deklination im Singular

Meist zeigt allein der Artikel Genus und Kasus des Substantivs. Das Substantiv selbst hat nur wenige Endungen.

Typ 1:

Hierzu gehören die meisten Maskulina und alle Neutra (bis auf **Herz**). Ihr Merkmal ist die Genitivendung -**s**, -**es**.

Kasus	Maskulinum	Neutrum	Beispielsatz
Nominativ	*der/ein Maler*	*das/ein Bild*	*Der Maler arbeitet.* *Das Bild ist schön.*
Akkusativ	*den/einen Maler*	*das/ein Bild*	*Die Landschaft hat den Maler inspiriert, das Bild zu malen.*
Dativ	*dem /einem Maler*	*dem/einem Bild(e)*	*Dem Maler gefielen die Blumen auf dem Bild von van Gogh.*
Genitiv	*des/eines Malers*	*des Bildes/ eines Bildes*	*Ein Bild des Malers hängt in der Galerie.*

Typ 2 = n-Deklination:

Substantive der n-Deklination sind leicht zu erkennen. Es sind:

- **Maskuline Lebewesen**, die auf **-e** enden: *der Löwe, der Rabe, der Junge, der Kunde*

- **Nationalitäten** mit der Endung **-e**: *der Russe, der Ire, der Türke, der Deutsche*

- ein paar **weitere Maskulina**, die ebenfalls meist Lebewesen bezeichnen: *der Bär, der Bauer, der Nachbar*

- **Fremdwörter** als maskuline Berufsbezeichnung, die auf **-ant, -ent, -ist**, **-at, -oge, -graf** enden: *der Laborant, der Assistent, der Internist, der Advokat, der Pädagoge, der Fotograf*

Typ 2 hat außer im Nominativ immer die Endung **-(e)n.** Achten Sie auf folgende Ausnahme: der Plural zu *ein Deutscher* lautet *Deutsche* (ohne **-n**) im Gegensatz zu *Russen, Iren* etc.

Kasus	Maskulinum	Beispielsatz
Nominativ	*der/ein Affe*	*Der Affe klettert auf den Baum.*
Akkusativ	*den/einen Affen*	*Er streichelt einen anderen Affen.*
Dativ	*dem/einem Affen*	*Dem Affen gefällt das.*
Genitiv	*des/eines Affen*	*Die Hände des Affen sind geschickt.*

Typ 2.1:

Hierzu gehören einige maskuline Abstrakta mit der Endung **-e**:
der Name, der Buchstabe, der Wille usw. und nur **ein** Neutrum, nämlich **das Herz.**

Kasus	Maskulinum	Neutrum
Nominativ	*der/ein Gedanke*	*das/ein Herz*
Akkusativ	*den/einen Gedanken*	*das/ein Herz*
Dativ	*dem/einem Gedanken*	*dem/einem Herzen*
Genitiv	*des/eines Gedankens*	*des/eines Herzens*

 Typ 2.1 wird wie Typ 2 gebildet, hat aber im Genitiv zusätzlich ein **-s.**

Typ 3: Feminina

Hierzu gehören alle Feminina. Sie sind **endungslos**.

Kasus	Femininum	Beispielsatz
Nominativ	*die/eine Suppe*	*Die Suppe war salzig.*
Akkusativ	*die/eine Suppe*	*Der Gast mochte die Suppe nicht.*
Dativ	*der/einer Suppe*	*Der Suppe sah man es nicht an.*
Genitiv	*der/einer Suppe*	*Die Köchin der Suppe war nämlich verliebt.*

Bildung des Genitivs im Singular

Der Genitiv spielt im Deutschen eine kleinere Rolle als die anderen Kasus. Da er aber einige Besonderheiten hat, sind sie hier aufgeführt.

1. keine Endungen:

- bei den meisten **femininen** Substantiven: *Das ist der Ring der Frau.*
- bei **Eigennamen** mit Artikel: *Die Leiden des jungen Werther.*

2. Endung -es:

- bei **maskulinen** und **neutralen** Substantiven:
- **einsilbige:** *Am Ende des Tages schmeckt ein gutes Glas Wein.*
- mit **betonter Endsilbe:** *Aufgrund seines Erfolges wurde er Chef.*
- Substantivendung auf **-s, -ß, -sch, st, -z, -x**: *Am Rande des Glases saß eine Fliege.*
- **aber**: bei Personennamen auf **-s, -ß,** und **-x** steht ein **Apostroph:** *Max' Brille ist kaputt. Thomas' Brille sieht aber auch nicht besser aus.*

3. Endung -s:

- **mehrsilbig**: *Die Größe dieses Zimmers ist ausreichend.*
- meist bei Substantivendung auf **Vokal:** *Der Geruch des Kaffees macht Appetit.*
- **Eigennamen ohne Artikel**:
  - Personennamen: *Monikas Wunsch ist eine Reise in die Hauptstadt.*
  - geografische Eigennamen: *Wir sind jetzt im Zentrum Berlins.*

4. Endung -(e)n

- Substantive der zweiten Deklination: *Die Höhle des Bären ist im Wald.*
- Substantivierte **Adjektive**: *Die Blumen des Bösen.*

 Vor allem in der mündlichen Sprache ersetzen ***von*** + Dativ oft das Genitivattribut. (*Valerias Eltern = die Eltern von Valeria*)

4. Typen der Deklination im Plural

Bei der Deklination im Plural gibt es verschiedene Typen. Sie richten sich wiederum nach den Wortendungen im Singular.

Kasus	Typ 1: -e	Typ 2: -(e)n	Typ 3: (endungslos)	Typ 4: -er	Typ 5: -s
Nominativ	*die Fische*	*die Flaschen*	*die Flügel*	*die Kinder*	*die Büros*
Akkusativ	*die Fische*	*die Flaschen*	*die Flügel*	*die Kinder*	*die Büros*
Dativ	*den Fische**n***	*den Flaschen*	*den Flügel**n***	*den Kinder**n***	*den Büros*
Genitiv	*der Fische*	*der Flaschen*	*der Flügel*	*der Kinder*	*der Büros*

Im Plural bleiben die Substantive außer im Dativ unverändert. Der Dativ Plural endet immer auf **-n**. Nur Typ 5 hat in allen Fällen die Pluralendung **-s**.

Es gibt vier Kasus: Nominativ, Akkusativ, Dativ, Genitiv. Die Wahl des Kasus hängt von der Rektion der Verben, Präpositionen und Adjektive ab.

Deklinationstyp 1:   alle Neutra, die meisten Maskulina

Deklinationstyp 2:   Maskuline Lebewesen (häufig auf -e)

Deklinationstyp 2.1:   Maskuline Abstrakta auf **-e**

Deklinationstyp 3:   alle Feminina

Im Deutschen erkennt man den Kasus hauptsächlich am Artikel, Deswegen müssen Sie sich für die Deklinationstypen 1 und 3 nur folgende Substantivendungen merken:

Gen. S. m.+ n.   ▶ **-s**
Dat. Pl. m., f. + n.   ▶ **-n**

LEICHT GEMERKT

DIE PRONOMEN

Pronomen ersetzen ein bereits genanntes Substantiv, eine Wortgruppe oder einen vorangehenden Satz. Deshalb werden sie auch **Stellvertreter** oder **Fürwörter** genannt.

*Das ist <u>unsere neue Kollegin Frau Maier</u>. **Sie** arbeitet nur montags.*
(Das Personalpronomen *sie* ersetzt die Wortgruppe **unsere neue Kollegin Frau Maier**.)

<u>*Heute hat es den ganzen Tag geregnet*</u>. **Das** deprimiert mich.
(Das Demonstrativpronomen **das** ersetzt den ganzen ersten Satz.)

*Kennst du <u>ein Tier</u>, **das** niemals schläft?*
(Das Relativpronomen **das** ersetzt das Substantiv **die Tiere**.)

Zu den Pronomen gehören:

die Personalpronomen	**Ich** wasche heute.
die Reflexivpronomen	*Ich wasche **mich**.*
die Possessivpronomen	*Das ist **meiner**.*
die Demonstrativpronomen	***Dieser** gefällt mir.*
die Relativpronomen	*die Seife, **die** ich brauche ...*
die Interrogativpronomen	***Welcher** ist dein Mann?*

Numerus und Genus der Pronomen richten sich nach den Substantiven oder Wortgruppen, die ersetzt werden:

*Das ist <u>mein Mann</u>. **Er** ist Ingenieur.* (Genus: Mask.; Numerus: Sg.)
*Das sind <u>meine Kinder</u>. **Sie** gehen noch zur Schule.* (Genus unbedeutend, da Numerus: Pl.)

Der Kasus wird vom Verb des Satzes oder einer Präposition bestimmt:

*Peter <u>besucht</u> **seinen** Opa* (Akk., da **besuchen** + Akk.). **Er** (Subjekt des Satzes, deswegen Nom.) *möchte **ihm*** (Dat., da **gratulieren** + Dat.) *zum Geburtstag <u>gratulieren</u> und <u>mit</u> **ihm*** (Dat., da **mit** + Dat.) *spazieren gehen.*

1. Die Personalpronomen

Das Personalpronomen ersetzt Personen, Personengruppen oder Sachen. Hier ein Überblick:

	Singular	Plural
1. Person	ich	wir
	eine Person	eine Personengruppe
	spricht über sich selbst	
2. Person	du	ihr
	eine Person	eine Personengruppe
	wird angesprochen	
3. Person	er / sie / es*	sie / Sie**
	Man spricht über	
	eine Person	eine Personengruppe / Sachen

* Die 3. Person Sg. richtet sich nach dem Genus des Substantivs. Dabei vertritt

er – maskuline Substantive   **sie** – feminine Substantive   **es** – neutrale
oder Namen   oder Namen   Substantive

** Das Pronomen **Sie** ersetzt in bestimmten Situationen die Pronomen **du** oder **ihr**.

Die Anrede: *Sie* und *du*

Oft ist es schwierig zu entscheiden, wann *du* und wann *Sie* benutzt wird. Es gibt dafür keine festen Regeln, aber Hilfestellungen.

Anrede	du / ihr	Sie
Beispiel	*Ich freue mich, dass du kommst / ihr kommt.*	*Ich freue mich, dass Sie kommen.*
Wirkung	persönlich-freundschaftlich	höflich-distanziert
Personenkreis	Familie, Kinder, Freunde, Verwandte, oft Kollegen	Fremde, Vorgesetzte, Institutionen, Ältere

Im Zweifelsfall benutzt man erst einmal das *Sie* und wartet, wie der Gesprächspartner reagiert.

Die Deklination der Personalpronomen

Singular	1. Person	2. Person	3. Person		
			Maskulinum	Femininum	Neutrum
Nominativ	ich	du	er	sie	es
Akkusativ	mich	dich	ihn	sie	es
Dativ	mir	dir	ihm	ihr	ihm
Genitiv	meiner	deiner	seiner	ihrer	seiner
Plural	1. Person	2. Person	3.Person	Höflichkeitsform	
Nominativ	wir	ihr	sie	Sie	
Akkusativ	uns	euch	sie	Sie	
Dativ	uns	euch	ihnen	Ihnen	
Genitiv	unser	euer	ihrer	Ihrer	

 Die höfliche Anrede schreibt man immer groß.

Der Gebrauch des Pronomens es

Es kann verschiedene Funktionen im Satz haben:

es als Pronomen vertritt

- ein Nomen / eine Wortgruppe: *Wie war das Konzert?* **Es** *war teuer.*

- ein Adjektiv (nicht am Satzanfang): *Das Konzert war* **teuer**. *Die CD war* **es** *zum Glück nicht.*

- eine vorangegangene Aussage: *Wann fängt die Vorstellung an? Ich weiß* **es** *nicht.*

es als formales Subjekt / Objekt (wenn kein anderes im Satz steht)

- bei Wetterbezeichnungen: **es** *regnet,* **es** *schneit ...*

- bei Sinneseindrücken: **Es** *riecht / schmeckt gut,* **es** *klopft / rauscht ...*

- bei Zeitangaben: **Es** *ist Mittag / Nacht / zwölf Uhr ...*

- in festen Wendungen: **Es** *gibt keine Fragen mehr. Wie geht* **es** *Ihnen heute?* **Es** *war einmal ... /* **es** *eilig haben,* **es** *ernst meinen, ...*

es als Platzhalter, um das Subjekt zu betonen

Es steht häufig am Satzanfang, wenn das Subjekt des Satzes ein unbestimmtes Substantiv, d. h. ein Substantiv mit unbestimmtem Artikel oder Indefinitpronomen ist. Wenn ein anderes Satzelement an Position 1 gestellt werden kann, wird diese Satzstellung vorgezogen.

Es kamen viele Leute in die Ausstellung.
besser: *In die Ausstellung kamen viele Leute.*

Es gibt im Deutschen sieben verschiedene <u>Personalpronomen</u>. Diese werden entsprechend der Tabelle dekliniert. Das Personalpronomen **sie / Sie** kann dabei in drei verschiedenen Funktionen auftreten (vgl. die mit * markierten Formen):

man spricht ...		Numerus	Nom.	Akk.	Dat.	Gen.
... über sich selbst		Sg.	*ich*	*mich*	*mir*	*meiner*
		Pl.	*wir*	*uns*		*unser*
... mit anderen	privat	Sg.	*du*	*dich*	*dir*	*deiner*
		Pl.	*ihr*	*euch*		*euer*
	offiziell	Sg. + Pl.	*Sie* *		*Ihnen*	*Ihrer*
... über andere		Sg.	*er*	*ihn*	*ihm*	*seiner*
			es **			
			sie *	*ihr*	*ihrer*	
		Pl.			*ihnen*	

** Das <u>Pronomen</u> **es** kann in folgenden Funktionen auftreten:

- als Pronomen
- als formales Subjekt
- als Platzhalter

LEICHT GEMERKT

2. Die Reflexivpronomen

Das Reflexivpronomen bezieht sich immer auf das Subjekt des Satzes.

Echte und unechte Reflexivpronomen

Wenn das Reflexivpronomen fest zum Verb gehört, spricht man von einem echten Reflexivpronomen.

*Beeil **dich.*** (***Beeil*** kann nicht alleine stehen und kein anderes Objekt statt des Reflexivpronomens haben.)

Wenn das Reflexivpronomen eine freie Ergänzung ist, ist es ein unechtes Reflexivpronomen. Das Verb kann ein anderes Objekt haben.

*Ich langweile **mich*** (Reflexivpronomen). – *Ich langweile **meine Mutter*** (anderes Objekt).

LEICHT GEMERKT

Hier einige wichtige echte Reflexivverben:

Körperliches und Emotionales	Menschliches Miteinander
sich ausruhen	*sich anfreunden*
sich erholen	*sich kümmern um*
sich erkälten	*sich streiten*
sich krank / gut / wohl fühlen	*sich verabreden*
sich sehnen nach	*sich verhalten*
sich schämen	*sich verstehen mit*
sich sorgen um	*sich vertragen mit*

Willens- + Meinungsbildung	Arbeit
sich einigen auf	*sich bewerben*
sich entscheiden für / gegen	*sich eignen für / zu*
sich entschließen zu	
sich irren	

Äußerungen	Sonstige
sich bedanken bei	*sich befinden*
sich beklagen über	*sich ereignen*
sich beschweren über	
sich erkundigen bei / nach	
sich wehren gegen	
sich weigern	

Die Deklination der Reflexivpronomen

Das Reflexivpronomen wird nur im Dativ und Akkusativ gebraucht.

Dativ	Akkusativ
Ich kaufe **mir** *ein Auto.*	*Ich dusche* **mich** *jeden Morgen.*
Du kaufst **dir** *ein Fahrrad.*	*Du duschst* **dich** *jeden Abend.*
Er/sie/es kauft **sich** *ein Boot.*	*Er/sie/es duscht* **sich** *nicht gern.*
Wir kaufen **uns** *ein Boot.*	*Wir duschen* **uns** *häufig.*
Ihr kauft **euch** *einen alten Ford.*	*Ihr duscht* **euch** *selten.*
Sie kaufen **sich** *gar nichts.*	*Sie duschen* **sich** *gar nicht.*
Und was möchten Sie **sich** *kaufen?*	*Duschen Sie* **sich** *gern kalt?*

LEICHT GEMERKT

Die Deklination der Reflexivpronomen ist fast identisch mit der Deklination der Personalpronomen. Merken Sie sich nur die Sonderform der 3. Pers. Sg. und Pl: **sich**.

Zur Unterscheidung der Fälle merken Sie sich:

Reflexivpronomen = einzige Ergänzung ▶ Reflexivpronomen im **Akkusativ**

Reflexivpronomen + weitere Ergänzung. ▶ Reflexivpronomen im **Dativ**

Sonderfall: Das reziproke Pronomen

Wenn die Wechselbeziehung zwischen mehreren Personen oder Sachen zueinander ausgedrückt werden soll, spricht man von reziproken Verben. Meistens stehen diese Verben im Plural. Wie bei den reflexiven Verben unterscheidet man zwischen Verben, die nur reziprok gebraucht werden, und solchen, die reziprok gebraucht werden können.

Nur reziproke Verben:
sich anfreunden   *Die Kinder haben* **sich** *schnell angefreundet.*

Verben die reziprok gebraucht werden können
sich ähneln   *Der Sohn ähnelt seinem Vater.* (nicht reziprok)
                   Die Geschwister ähneln **sich**.* (reziprok)

*Bei dieser Gruppe von Verben kann das Reflexivpronomen durch **einander** ersetzt werden: *Die Geschwister ähneln einander.*

3. Possessivpronomen und -artikel

Zu den Possessivwörtern gehören die Possessivpronomen und die Possessivartikel. Possessivpronomen ersetzen ein Substantiv, Possessivartikel begleiten ein Substantiv, ersetzen also den Artikel.

Possessivwörter zeigen den Besitz oder eine Zugehörigkeit an: Wenn man schon weiß, wer oder was gemeint ist, steht das Pronomen.

Dort steht **mein** *Haus.* (Possessivartikel)
Und da ist **deines**. (Possessivpronomen – man weiß schon, dass von einem Haus die Rede ist.)

Zu jedem Personalpronomen gibt es passende Possessivwörter.

Personal- pronomen	Possessiv- wort	Beispielsätze mit Possessivartikel / Possessivpronomen
ich	*mein*	**Ich** *habe* **mein** *Geld /* **meins** *verloren.*
du	*dein*	**Du** *hast* **dein** *Geld /* **deins** *auf der Bank.*
er	*sein*	**Er** *hat* **sein** *Geld /* **seins** *verschenkt.*
sie	*ihr*	**Sie** *hat* **ihr** *Geld /* **ihres** *investiert.*
es	*sein*	**Es** *(das Kind) hat* **sein** *Geld/* **seins** *versteckt.*
wir	*unser*	**Wir** *wollen* **unser** *Geld /* **unseres** *haben.*
ihr	*euer*	*Wollt* **ihr eure** *Aktien /* **eure** *verkaufen?*
sie	*ihr*	**Sie** *wollen* **ihr** *Geld /* **ihres** *jetzt anlegen.*
Sie	*Ihr*	*Wollen* **Sie** *mit* **Ihrem** *Geld /* **Ihrem** *spekulieren?*

Der <u>Fall</u> der Possessivartikel und Possessivpronomen hängt vom Verb des Satzes oder der davorstehenden Präposition ab.

Das <u>Genus</u> wird durch das Wort bestimmt, vor dem sie stehen bzw. das sie ersetzen.

Possessivpronomen	Possessivartikel
Ist das **dein** *Hausschlüssel?*	*Weißt du, wo* **meiner** *ist?*
<u>Fall</u>: Nominativ in Verbindung mit dem Verb *sein* <u>Genus</u>: maskulin, da kombiniert mit dem Substantiv *Schlüssel*	

Die Deklination des Possessivartikels

Singular	Maskulinum	Femininum	Neutrum
Nominativ	*mein Arm*	*meine Hand*	*mein Ohr*
Akkusativ	*meinen Arm*	*meine Hand*	*mein Ohr*
Dativ	*meinem Arm*	*meiner Hand*	*meinem Ohr*
Genitiv	*meines Armes*	*meiner Hand*	*meines Ohres*

Plural	
Nominativ	*meine Arme, Hände, Ohren*
Akkusativ	*meine Arme, Hände, Ohren*
Dativ	*meinen Armen, Händen, Ohren*
Genitiv	*meiner Arme, Hände, Ohren*

 Die anderen Possessivartikel werden genauso dekliniert.

Die Deklination des Possessivpronomens

Die Possessivpronomen haben fast dieselben Endungen wie die Possessivartikel. Nur die endungslosen Formen (Nom. m. + n. und Akk. n.) haben dieselben Endungen wie der bestimmte Artikel.

Das ist meiner. (der Ring)

Singular	Maskulinum (der Ring)	Femininum (die Kette)	Neutrum (das Armband)
Nominativ	*meiner*	*meine*	*mein(e)s**
Akkusativ	*meinen*	*meine*	*mein(e)s**

* In der Endsilbe kann in der gesprochenen Sprache ein **-e** ausfallen.

 Die übrigen Possessivpronomen werden ebenso dekliniert.

 Das Possessivwort **euer** verliert das zweite **-e**, sobald ein Buchstabe nach dem **-r** folgt:

Ist das euer Hund? Euren Hund könnt ihr leider nicht mitbringen.

4. Demonstrativpronomen und -artikel

Demonstrativwörter verstärken die Bedeutung des folgenden Substantivs (als Artikel) oder eines zuvor genannten Substantivs (als Pronomen).

*Sie müssen in **diese** Richtung gehen.* (Demonstrativartikel)
*Welches Kleid gefällt Ihnen? – Ich nehme **dieses**.* (Demonstrativpronomen)
*Wir haben über **dieses** und **jenes** gesprochen.* (Demonstrativpronomen)

Dieser und **jener** haben als Artikel und Pronomen die gleiche Deklination. Sie werden wie der bestimmte Artikel dekliniert:

Singular	Maskulinum	Femininum	Neutrum
Nominativ	dies**er** Raum	dies**e** Tür	dies**es** Fenster
Akkusativ	dies**en** Raum	dies**e** Tür	dies**es** Fenster
Dativ	dies**em** Raum	dies**er** Tür	dies**em** Fenster
Genitiv	dies**es** Raumes	dies**er** Tür	dies**es** Fensters

Plural	
Nominativ	dies**e** Räume, Türen, Fenster
Akkusativ	dies**e** Räume, Türen, Fenster
Dativ	dies**en** Räumen, Türen, Fenstern
Genitiv	dies**er** Räume, Türen, Fenster

Die Kurzform von **dieses** als Pronomen ist **dies**, wenn man sich auf einen Satz oder eine Wortgruppe bezieht.
Dies musst du dir merken!

Auch **der, die, das** können als Demonstrativartikel und -pronomen gebraucht werden. Sie werden dann wie der bestimmte Artikel dekliniert.
▸ S. 7 f.

Es gelten lediglich folgende Sonderformen:

		Dativ	Genitiv		
			Maskulinum	Femininum	Neutrum
Numerus / Fall	Sg.		*dessen*	*deren*	*dessen*
	Pl.	*denen*	*deren*		

Der Genitiv wird sehr selten gebraucht. Meist kann man den Genitiv durch einen Possessivartikel ersetzen:

Kommt Peter heute Abend? Ja, und dessen / seine Freundin auch.

Wichtig ist der Genitiv jedoch häufig, um Verwechslungen zu vermeiden. Vergleichen Sie:

Mein Nachbar ist mit seinem Sohn und dessen Freundin (= der Freundin des Sohnes) *im Urlaub.*

Mein Nachbar ist mit seinem Sohn und seiner Freundin (= der Freundin des Nachbarn) *im Urlaub.*

Demonstrativartikel   **Demonstrativpronomen**

***Der Wein** schmeckt mir gut.*   ***Den** kaufe ich immer in Frankreich.*

Wenn man sich auf eine ganze, vorher genannte Aussage bezieht, wird häufig ***das*** benutzt:

*Ich bin umgezogen. – **Das** habe ich noch gar nicht gewusst.*
*Ich habe einen kleinen Bruder. – **Das** glaube ich dir nicht.*

Die Demonstrativpronomen *solcher*, *solche*, *solches* charakterisieren das nachfolgende Nomen näher. Der Charakter geht dabei entweder aus dem vorhergehenden Satz (1) oder aus einem angeschlossenen Nebensatz (2) hervor:

(1) *Durch China trampen? **Solche** Ideen kannst nur du haben!*

(2) *Ich hatte **solchen** Hunger, dass ich mich kaum noch auf den Beinen halten konnte.*

Solcher wird wie ***dieser*** dekliniert.

Im Genitiv Maskulinum und Neutrum kann statt **-es** ein **-en** stehen, wenn nach dem Pronomen ein Substantiv mit Endung **-(e)s** folgt.

Maskulinum	Femininum	Neutrum
*solch**es** Rat(e)s*	*solch**er** Methode*	*solch**es** Glück(e)s*
*solch**en** Rat(e)s*	—	*solch**en** Glück(e)s*

solch (ohne Endung) – *Solch ein Pech!*

In diesem Fall steht **solch** in Verbindung mit dem unbestimmten Artikel. Verändert wird dabei nur der Artikel:

solch *ein netter Mensch*, **solch** *eine nette Frau*, **solch** *ein nettes Kind*.

 Solch klingt manchmal etwas literarisch. Viel häufiger benutzt man einfach das Wörtchen *so*: *So ein netter Mensch!*

Zusammengesetzte Demonstrativpronomen und -artikel

derselbe, *dieselbe*, *dasselbe* – *Er zieht die ganze Woche **dieselbe** Hose an.*

Diese Demonstrativwörter drücken eine Identität aus. Sie werden mit dem **bestimmten Artikel** und *selb-* gebildet.

Demonstrativartikel

*Du hörst immer **dieselbe** CD.*

Demonstrativpronomen

*Das stimmt nicht. Es ist nicht **dieselbe**.*

Singular	Maskulinum	Femininum	Neutrum
Nominativ	*der**selbe** Schuh*	*die**selbe** Sandale*	*das**selbe** Paar*
Akkusativ	*den**selben** Schuh*	*die**selbe** Sandale*	*das**selbe** Paar*
Dativ	*dem**selben** Schuh*	*der**selben** Sandale*	*dem**selben** Paar*
Genitiv	*des**selben** Schuhes*	*der**selben** Sandale*	*des**selben** Paar(e)s*

Plural			
Nominativ	*die**selben** Schuhe, Sandalen, Paare*		
Akkusativ	*die**selben** Schuhe, Sandalen, Paare*		
Dativ	*den**selben** Schuhen, Sandalen, Paaren*		
Genitiv	*der**selben** Schuhe, Sandalen, Paare*		

Statt immer wieder neue Tabellen zu lernen, gehen Sie lieber wie folgt vor:

LEICHT GEMERKT

- Vergleichen Sie eine neue Tabelle mit Tabellen, die Sie bereits kennen.

- Finden Sie die Gemeinsamkeiten und Unterschiede heraus.

- Merken Sie sich nur die Parallelen / Unterschiede.

Für **derselbe**, **dieselbe**, **dasselbe** und alle anderen zweiteiligen Demonstrativwörter (z. B. **derjenige**, **diejenige**, **dasjenige** – s.u.) gilt:

erster Teil = Deklination wie der <u>bestimmte Artikel</u> ▸ S. 7.

zweiter Teil = Deklination wie ein <u>Adjektiv nach bestimmtem Artikel</u> ▸ S. 49.

Unterschied zwischen **dasselbe** und **das gleiche**:
dasselbe = *identisch, gibt es nur einmal*
das gleiche = *zwei unterschiedliche Dinge gleichen sich völlig*

Dasselbe *Kleid hattest du doch gestern schon an!* (genau dieses)
*Ich habe mir **das gleiche** Kleid gekauft.* (es sieht genau so aus)

derjenige, diejenige, dasjenige

Derjenige, <u>*der Deutsch lernen will*</u>, besucht einen Kurs.

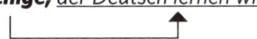

Diese Wörter verweisen auf einen nachfolgenden Relativsatz. Sie werden mit dem **bestimmten Artikel** und **-jenig** gebildet.

Demonstrativartikel	Demonstrativpronomen
Diejenigen Eltern, *die beim Renovieren der Schule helfen wollen, treffen sich um 8 Uhr.*	**Diejenigen**, *die nicht helfen, können Geld spenden.*

5. Relativpronomen und Interrogativpronomen und -artikel

Die Relativpronomen *der, die, das*

Diese Pronomen beziehen sich auf etwas, das bereits erwähnt wurde. Sie leiten Relativsätze ein. Genus und Numerus des Relativpronomens hängen von dem Wort ab, auf das sie sich beziehen. Der Kasus hängt dagegen vom Verb oder einer Präposition im Relativ- oder Fragesatz ab.

Der Mann, mit dem ich gesprochen habe, will die Wohnung vermieten.

Grammatische Kategorie	bestimmt durch	Analyse	Wahl des Demonstrativpronomens
Genus + Numerus	*der Mann*	Maskulinum Singular	*dem*
Kasus	*mit*	Präp. mit dem Dativ	

▸ Präpositionen mit Dativ, S. 126 f.

 Das Pronomen wird wie *der, die, das* als **Demonstrativpronomen** dekliniert. ▸ S. 34.

	Singular			Plural
	Maskulinum	Femininum	Neutrum	
Nominativ	*der*	*die*	*das*	*die*
Akkusativ	*den*	*die*	*das*	*die*
Dativ	*dem*	*der*	*dem*	*denen*
Genitiv	*dessen*	*deren*	*dessen*	*deren*

welcher, welche, welches

Diese Wörter kommen als Relativpronomen sowie als Interrogativpronomen und -artikel vor.

Relativpronomen	**Interrogativpronomen und -artikel**
Welcher, welche, welches als Relativpronomen wird seltener als *der*, *die*, *das* benutzt und ist eher Teil der Schriftsprache.	*Welcher, welche, welche*s als Interrogativwort bezieht sich auf das folgende Substantiv (Interrogativartikel) oder ein vorher genanntes Substantiv (Interrogativpronomen) und leitet eine Ergänzungsfrage ein. ▸ Ergänzungsfragen, S. 150
*Ein Mann, **welcher** Langweile hatte, spielt jetzt Schach.*	***Welches** Hemd soll ich anziehen?* ***Welches** gefällt dir denn besser?*

Sie werden wie *der*, *die*, *das* als **Relativpronomen** dekliniert.
▸ Die Relativpronomen *der*, *die*, *das*, S. 36 f

Pronomen *wer* und *was*

Wer und *was* werden als Relativ- und Interrogativpronomen benutzt. Genus und Numerus spielen keine Rolle.

Relativpronomen	**Interrogativpronomen**
Wer zu spät kommt, (der) muss die Reste essen. *Das ist genau das, **was** mich aufregt.*	*Wer kann mir helfen?* *Was hat das schon zu sagen?* *Ich frage mich, **was** dieser Satz bedeutet.*

Das Pronomen *wer* kann zusammen mit einer Präposition stehen. Es bezieht sich immer auf Personen.

*Ich will wissen, **mit wem** meine Kinder spielen.*
***Über wen** habt ihr gelacht?*
***Von wem** sind die Äpfel?*

Für einen Rückbezug auf Dinge oder Abstraktes siehe
▸ Pronominaladverbien, S. 140 f.

Die Verwendung von *was*

- *was* ersetzt Indefinita: *In der Stadt ist **was (etwas)** los.*

was als Relativpronomen steht nach

- ***das***: *Denkst du **das**, **was** ich denke?*
- einem substantivierten Superlativ: *Berlin bei Nacht ist **das Schönste**, **was** ich mir vorstellen kann.*
- Indefinitpronomen: *Ich kaufe dir **alles, was** du willst. **Manches/ Vieles/Nichts/Einiges/Weniges**, **was** in der Zeitung steht, ist falsch.*
- einem Teilsatz: ***Er ging zur Tür hinaus, was** keiner bemerkte.*
- einer Ordinalzahl: *Das **Erste, was** ich nach dem Aufwachen sah, war der weiße Schnee.*

Deklination von *wer* und *was*

	bei Personen	bei Sachen
Nominativ	*wer*	*was*
Akkusativ	*wen*	*was*
Dativ	*wem*	*was*
Genitiv	*wessen*	*wessen*

was für ein/eine?

Mit ***was für ein?*** fragt man nach der Eigenschaft einer Sache oder Person. In der Antwort benutzt man den unbestimmten Artikel.

***Was für einen** Mantel möchten Sie?*   ***Einen** schwarzen.*
***Was für ein** Mensch ist das nur?*   ***Ein** ganz gemeiner.*

***Was für** verändert sich nicht. **Ein** wird wie der **unbestimmte Artikel** dekliniert. ▸ Unbestimmter Artikel, S. 8

Im Plural entfällt natürlich der Artikel:

***Was für** Schuhe möchtest du kaufen? Halbschuhe oder Winterstiefel?*

6. Die Indefinitpronomen und -artikel

Indefinitpronomen bezeichnen Personen oder Sachverhalte in unbestimmter, allgemeiner Weise.

Da diese Pronomen formal sehr unterschiedlich sein können, werden sie in der folgenden Übersicht nach der Art ihrer Deklination gegliedert. Sie treten als Artikel und Pronomen auf.

Indefinitpronomen, die wie der bestimmte Artikel (*der, die, das*) dekliniert werden

alle

Alle bezeichnet immer etwas im Plural und meint die Gesamtheit von Personen oder Dingen.

Der Singular **alles** steht, wenn Abstrakta und Stoffe gemeint sind.

alle *Leute,* **aller** *Reichtum,* **alle** *Kleidung,* **alles** *Geld*

Indefinitartikel	Indefinitpronomen
*Ich habe **alle** Kekse gegessen und mit **allen** Gästen gesprochen.*	***Alle** warteten vor der Tür. Ich habe **alles** vorbereitet.*

In Verbindung mit einem Personalpronomen steht erst das Personalpronomen und dann **alle**.

***Sie alle** wollen kommen.*

all

All hat keine Endung, wenn es vor einem anderen Pronomen oder dem bestimmten Artikel steht.

***All** sein Wissen stand in diesem Buch.*
***All** die guten Wünsche freuen mich sehr.*

beide

Beid- bezeichnet zwei Personen oder Sachen.

Artikelwort	Pronomen
*Als die **beiden Männer** um die Ecke kamen, lief ich weg.*	*Als die **beiden** mir gratulierten, freute ich mich.*

einige, etliche, mehrere

Diese Wörter stehen für eine unbestimmte, nicht allzu große Menge.

*Wir sind **einige / mehrere Meter** gegangen.   Wir haben **einige** getroffen.*
*Wir haben uns schon **etliche Male** getroffen.*

jeder

Jeder hat keinen Plural. Es bezeichnet alle einzelnen Mitglieder einer Gruppe.

***Jedes Kind** isst gern Schokolade.*   *Das mag doch **jeder**.*

manch(er), manche, manches

Dieses Pronomen bezeichnet eine kleinere unbestimmte Anzahl von Personen oder Sachen.

***Manche Leute** lernen es nie.*   ***Manche** lernen umso schneller.*

Manche wird wie ***solch-*** auch ohne Endung gebraucht.
***Manch** ein schöner Tag / **Manch** schöner Tag ist schnell vorbei.*

viele

Dieses Wort steht für eine große Anzahl.

***Viele** Studenten wohnen in Wohngemeinschaften oder Wohnheimen.*

wenige

Dieses Wort steht für eine geringe Anzahl.

*Nur **wenige** Studenten leben in einer eigenen Wohnung.*

sämtlicher, sämtliche, sämtliches

Dieses Wort tritt fast immer als Artikelwort auf. Es hat die Bedeutung von ***alle**, **ganz** oder **vollständig***. Im Singular steht es nur mit unzählbaren Dingen oder Abstrakta.

*Wir haben **sämtliche** Räume durchsucht und nichts gefunden.*
***Sämtliches** Geschirr ist kaputt gegangen.* (*Geschirr* = unzählbar)
***Sämtliche** Mühe war umsonst.* (*Mühe* = Abstraktum)

 Deklination wie der bestimmte Artikel, wobei das Pronomen die Endung **-en** haben kann, wenn das Substantiv ein Genitiv-**s** hat:

*sämtlich**en** Mülls* nicht: ~~sämtlich**es** Mülls~~

welche

Das Indefinitpronomen welche nimmt Bezug auf ein vorher genanntes, nicht zählbares Substantiv im Singular oder Substantiv im Plural ohne Artikel.

*Ich habe keine Kartoffeln mehr. Hast du noch **welche?***

einer, eine, ein(e)s; keiner, keine, kein(e)s

Diese Wörter bezeichnen eine unbestimmte Person oder Sache oder negieren sie. Der Plural von *einer*, *eine*, *eins* lautet **welche**.

*Hast du mein Deutschbuch gesehen? – Nein, aber gestern lag **ein(e)s** auf meinem Schreibtisch.*
*Apfelsinen! Kann ich **welche** haben?*

Negativartikel	Pronomen
***Kein Mensch** konnte das wissen.*	***Keiner** konnte das ahnen.*

Deklination bei Verwendung als Pronomen

	Singular			Plural
	Maskulinum	Femininum	Neutrum	
Nominativ	(k)einer	(k)eine	(k)ein(e)s	keine
Akkusativ	(k)einen	(k)eine	(k)ein(e)s	keine
Dativ	(k)einem	(k)einer	(k)einem	keinen
Genitiv	(k)eines	(k)einer	(k)eines	keiner

irgendein, irgendeiner, irgendeine, irgendein(e)s

Die Unbestimmtheit wird verstärkt. Im Plural benutzt man ***irgendwelche***.

Indefinitartikel	Indefinitpronomen
***Irgendein Monteur** war da.*	***Irgendeiner** war da.*

LEICHT GEMERKT

Indefinitpronomen lassen sich, wie der Name schon sagt, nicht mit genauen Zahlen verknüpfen. Trotzdem können sie sortiert und der Einfachheit halber ungefähren Zahlenangaben zugeordnet werden.

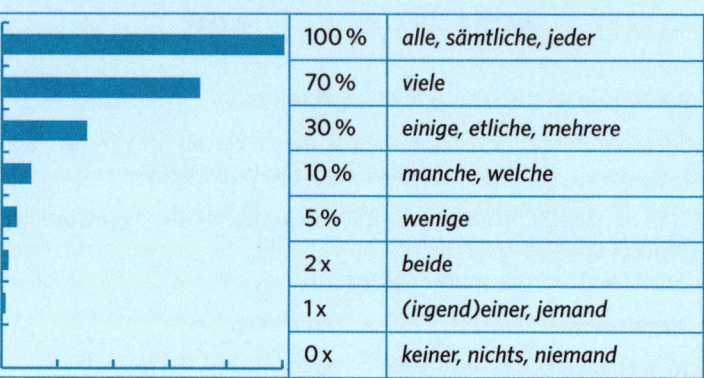

	100 %	*alle, sämtliche, jeder*
	70 %	*viele*
	30 %	*einige, etliche, mehrere*
	10 %	*manche, welche*
	5 %	*wenige*
	2 x	*beide*
	1 x	*(irgend)einer, jemand*
	0 x	*keiner, nichts, niemand*

Indefinitpronomen und -artikel, die nicht dekliniert werden

ein bisschen	*ein paar*	*ein wenig*
ein bisschen Milch	*ein paar* Tränen	*ein wenig* Zucker in den Tee

Diese Wörter verändern sich nicht. Sie bezeichnen eine unbestimmte, kleine Menge.

In Verbindung mit substantivierten Adjektiven stehen folgende Indefinitwörter: *alles, nichts, viel, wenig, allerlei, mancherlei, etwas, irgendetwas* etc.

Indefinitartikel	Indefinitpronomen
*Du kannst mal **(et)was Neues** anziehen.*	***Irgend(et)was** stimmt nicht.*

Nichts ist die Verneinung von *etwas* und wird nicht dekliniert.

*Möchten Sie mit mir tanzen? **Nichts** ist mir lieber als das.*

Indefinitartikel	Indefinitpronomen
*Es gibt leider **nichts Neues**.*	*Da ist doch **nichts** dabei.*

Indefinitpronomen mit besonderer Deklination

Sie treten alle nur als Pronomen auf.

jemand, irgendjemand

Eine unbestimmte Person ist gemeint (ohne Genusmerkmal).

Nominativ	Akkusativ	Dativ	Genitiv
jemand	jemanden	jemandem	jemandes

*Ich kenne **jemanden**, der gut pfeifen kann.*
***Jemand** hat für dich angerufen.*

niemand

Niemand ist die Verneinung von **jemand** und wird ebenso dekliniert.

***Niemand** hat angerufen.*
*Das interessiert **niemanden**.*

man

Meistens steht **man** für allgemeine Aussagen oder Fakten. Beachten Sie die Sonderformen im Akkusativ und Dativ!

Nominativ	Akkusativ	Dativ	Genitiv
man	einen	einem	—

*Da kann **man** nichts machen.*
*Das muss **einem** erklärt werden.*

DAS ADJEKTIV

Adjektive sind Wörter, die besondere Eigenschaften und Merkmale bezeichnen. Mit ihnen kann man

- **beschreiben, wie jemand oder etwas ist:**
  Personen: *Du bist aber **ungeduldig**. – der **ungeduldige** Mann*
  Dinge: *Das Ei ist nicht **weich**, sondern **hart**. – ein **hartes** Ei*
  Vorgänge: *Die Fahrt war **lang**. – die **lange** Fahrt*
  Zustände: *Sie ist **nüchtern**. – Kommen Sie in **nüchternem** Zustand!*

- **sagen, wie jemand etwas tut:**
  *Er arbeitet **schnell**.*
  *Sie atmet **tief**.*

- **jemanden oder etwas vergleichen:**
  *Meine Freundin ist **größer** als ich, aber ich bin **stärker**.*

Adjektive lassen sich **steigern:**
schön – schöner – am schönsten
klein – kleiner – am kleinsten
gut – besser – am besten

... und **deklinieren:**
*Sie trinkt morgens immer **schwarzen** Kaffee.*
*Er steigt auf den **hohen** Berg.*
*Ich nehme einen **warmen** Apfelstrudel.*

1. Die Deklination des Adjektivs

Das Adjektiv wird im Satz auf verschiedene Weise gebraucht.
Steht es **vor** dem Substantiv, dann wird es dekliniert. Wenn es **nach** dem Substantiv steht, bleibt es undekliniert.

Adjektiv vor Substantiv	Adjektiv nach Substantiv
*der **charmante** Mann*	*Der Mann ist **charmant**.*
*die **schöne** Helena*	*Helena ist **schön**.*
*Großmutter liebt **süßen** Likör.*	*Der Likör schmeckt **süß**.*

Das Adjektiv stimmt in Numerus, Genus und Kasus mit dem Substantiv überein.

Das Adjektiv verändert sich nicht. Es steht in der Grundform.

Die Adjektivdeklination ist eine häufige Fehlerquelle für Deutsch-Lerner. Deshalb sollten Sie sich folgende Vorgehensweise angewöhnen:

1. In **Gesprächen mit der Familie, Freunden und Bekannten oder im Deutschkurs** sollten Sie versuchen, die richtigen Endungen anzuwenden. Wenn Sie unsicher sind, fragen Sie nach, ob sie Fehler gemacht haben.

2. In Situationen, in denen Sie möglichst korrekt Deutsch sprechen möchten (**Vorstellungsgespräche, Einladung von Geschäftspartnern zum Essen, Telefon** usw.) vermeiden Sie Fehler. Stellen Sie die Adjektive dazu nicht mehr vor das Nomen, sondern ans Satzende:

Statt: *Haben Sie auch scharfen Curry?*
Fragen Sie: *Ist Ihr Curry scharf?*

Das Adjektiv kann das Substantiv näher erklären und steht dann mit einem bestimmten Artikel (*die süße* Limonade), mit einem unbestimmten Artikel (*eine süße* Limonade), anderen Artikelwörtern, z. B. Possessivpronomen (*meine süße* Limonade), oder ohne Artikelwort (*süße* Limonade). Dementsprechend gibt es verschiedene Deklinationstypen (s. u.).

Es ist auch möglich, dass zwei Adjektive gleichrangig nebeneinanderstehen. Dann haben beide die gleiche grammatische Endung.

klarer russischer Wodka
die schlanke zierliche Frau
ein eleganter sportlicher Anzug

Außerdem können Adjektive auch zusammengesetzt werden:

*Im Chinarestaurant kann man Ente **süßsauer** bestellen.*
*Mir schmeckt **halbtrockener** Sekt besser als süßer Sekt.*

Auch die Variante mit Bindestrich (-) ist möglich. Nur das letzte Adjektiv erhält dann eine grammatische Endung.

***medizinisch-technischer** Assistent*
***deutsch-tschechische** Freundschaft*

Das Adjektiv ohne Artikel

Da kein Artikel vorhanden ist, der Numerus, Genus und Kasus anzeigt, müssen die Adjektivendungen diese Funktion übernehmen.

Singular	Maskulinum	Neutrum	Femininum
Nominativ	*frischer Teig*	*frisches Ei*	*frische Sahne*
Akkusativ	*frischen Teig*	*frisches Ei*	*frische Sahne*
Dativ	*frischem Teig*	*frischem Ei*	*frischer Sahne*
Genitiv	*frischen Teiges*	*frischen Ei(e)s*	*frischer Sahne*

Plural	
Nominativ	*frische Kuchen*
Akkusativ	*frische Kuchen*
Dativ	*frischen Kuchen*
Genitiv	*frischer Kuchen*

LEICHT GEMERKT

Die Adjektivendungen ohne Artikel im Überblick:

	Singular			Plural
	Maskulinum	Neutrum	Femininum	
Nominativ	-er	-es	-e	-e
Akkusativ	-en	-es	-e	-e
Dativ	-em	-em	-er	-en
Genitiv	**-en**	**-en**	-er	-er

Nur im Genitiv Singular Maskulinum und Neutrum unterscheiden sich die Adjektivendungen von den Endungen des bestimmten Artikels. Hier statt des **-s** ein **-n**. ▶ S. 8

Dieser Deklinationstyp steht auch nach den Zahlwörtern und folgenden Mengenangaben: *einige, mehrere, viele, wenige* (+ Plural)*; , etwas, viel, wenig* (+ Singular).

*Mit **einigen kräftigen** Männern konnten wir das Boot tragen.*
*Sie hat **viele neue** Hüte im Schrank.*

Das Adjektiv nach bestimmtem Artikel

Nicht das Adjektiv, sondern der Artikel trägt die Merkmale für Numerus, Genus und Kasus. Die Adjektivdeklination kommt daher mit den zwei Endungen **-e** und **-en** aus.

Singular	Maskulinum	Neutrum	Femininum
Nominativ	*der große Fisch*	*das große Boot*	*die große Welle*
Akkusativ	*den großen Fisch*	*das große Boot*	*die große Welle*
Dativ	*dem großen Fisch*	*dem großen Boot*	*der großen Welle*
Genitiv	*des großen Fisches*	*des großen Bootes*	*der großen Welle*

Plural	
Nominativ	*die großen Boote*
Akkusativ	*die großen Boote*
Dativ	*den großen Booten*
Genitiv	*der großen Boote*

Die Adjektivendungen mit bestimmtem Artikel im Überblick:

	Singular			Plural
	Maskulinum	Neutrum	Femininum	
Nominativ	**-e**	**-e**	**-e**	*-en*
Akkusativ	*-en*	**-e**	**-e**	*-en*
Dativ	*-en*	*-en*	*-en*	*-en*
Genitiv	*-en*	*-en*	*-en*	*-en*

Am besten merken Sie sich die Form des Blocks mit den **-e**-Endungen. Manche vergleichen sie mit einer Zahnbürste oder einer Pistole.

Dieser Deklinationstyp steht auch nach den Artikelwörtern: **dies-, jen-, manch-, jed-, all-, sämtlich-, beid-, solch-**.

Dieses schöne Kleid gefällt mir gut.

Das Adjektiv nach unbestimmtem Artikel

Hier findet man Adjektivendungen aus beiden bisher bekannten Tabellen. Im Plural fällt der unbestimmte Artikel weg. Die Adjektivdeklination folgt daher dem Schema auf ▸ S. 46. Der Negationsartikel **kein** hat aber einen Plural, deswegen hier die gesamte Deklination:

Singular	Maskulinum	Neutrum	Femininum
Nominativ	*kein grün**er** Bus*	*kein alt**es** Boot*	*keine kleine Bahn*
Akkusativ	*keinen grün**en** Bus*	*kein alt**es** Boot*	*keine kleine Bahn*
Dativ	*keinem grün**en** Bus*	*keinem alt**en** Boot*	*keiner klein**en** Bahn*
Genitiv	*keines grün**en** Buses*	*keines alt**en** Bootes*	*keiner klein**en** Bahn*

Plural	
Nominativ	*keine öffentlich**en** Verkehrsmittel*
Akkusativ	*keine öffentlich**en** Verkehrsmittel*
Dativ	*keinen öffentlich**en** Verkehrsmitteln*
Genitiv	*keiner öffentlich**en** Verkehrsmittel*

Die Adjektivendungen mit unbestimmtem Artikel im Überblick:

	Singular			Plural
	Maskulinum	Neutrum	Femininum	
Nominativ	**-er**	**-es**	**-e**	-en
Akkusativ	-en	**-es**	**-e**	-en
Dativ	-en	-en	-en	-en
Genitiv	-en	-en	-en	-en

In der Zahnbürste, die Sie schon von der Deklination mit bestimmtem Artikel kennen, stecken jetzt die Endungen der Deklinationstabelle ohne Artikel. Alle anderen Fälle haben die Endung **-en**.

 Dieser Deklinationstyp steht auch nach den Possessivartikeln **mein**, **dein**, **sein** usw.

2. Besonderheiten bei der Deklination

Zur besseren Aussprache verlieren manche Adjektive bei der Deklination das **-e**.

- Adjektive mit der Endung **-el**:

  miserabel – Er hatte heute miserable Laune.
  dunkel – Im Herbst ist es dunkler als im Frühling.

- Adjektive mit der Endung **-er**

  sauer – Ich will eine saure Gurke essen.
  teuer – Die teure Bluse kaufe ich mir ausnahmsweise.

- Bei dem Adjektiv **hoch** fällt das **-c** weg.

  hoch – der hohe Turm   das hohe Haus (aber: *das **Hoch**haus*)

Manche Adjektive werden nicht dekliniert. Zu dieser kleinen Gruppe gehören:

- einige Farbadjektive, die auf Vokal enden, z. B.:

  *Sie trug einen **rosa** Wollpullover.   Der **lila** Rock passte aber nicht dazu.*

- Adjektive, die von Städten oder geografischen Namen abgeleitet wurden, mit der Endung **-er:**

  *der **Berliner** Bär, dem **Wiener** Würstchen, des **Kölner** Doms*

3. Substantivierte Adjektive

Substantivierte Adjektive werden genauso dekliniert wie Adjektive, nach denen ein Substantiv folgt. ▸ Deklination der Adjektive, S. 46 ff.

ohne Artikel: ***Neue** sind in diesem Kurs willkommen.*
nach unbestimmtem Artikel: *Ein **Neuer** ist heute dazugekommen.*
nach bestimmtem Artikel: *Der **Neue** ist ein bisschen schüchtern.*

Substantivierte Adjektive werden groß geschrieben.

4. Andere Wortarten als Adjektive

Die meisten Adjektive werden aus anderen Wortarten abgeleitet:

- Mit Hilfe der Suffixe **-bar, -haft, -ig, -isch, -lich** können aus Substantiven und Verben **Adjektive** werden. ▸ Suffixe, S. 112

  *der Traum – **traumhaft**   fahren – **fahrbar***
  *die Jugend – **jugendlich**   erfinden – **erfinderisch***

- Auch Partizipien der Gegenwart und Vergangenheit können als Adjektive verwendet werden. ▸ Partizipien, S. 81 f.

  *der **kochende** Tee*   Bedeutung: Er kocht gerade.
  *das **geparkte** Auto*   Bedeutung: Das Auto wurde geparkt.

5. Die Steigerungsformen

Für Vergleiche kann man Adjektive in drei Stufen darstellen:

Positiv (= Zustand	Komparativ (= Vergleich)	Superlativ (= Extrem einer Reihe)
klein	*kleiner*	*am kleinsten*
*Der Däumling ist **klein**.*	Grundform + **-er** *Der Däumling ist **kleiner** als ein Kind.*	Grundform + **-st(en)** *Der Däumling ist **am kleinsten** von allen.*

Komparativ und Superlativ werden wie der Positiv dekliniert.
▸ Deklination der Adjektive S. 46 f.

*Ich habe **frisches** Gemüse gekauft.* (Positiv)
*Noch **frischeres** Gemüse gibt es auf dem Markt.* (Komparativ)
*Das **frischeste** Gemüse ist das Gemüse aus dem eigenen Garten.* (Superlativ)

- Endung **-est** im Superlativ nach Adjektiven mit **-d, -t, -s, -ss, -ß, -sch, -z, -tz, -x** bei betonter Endsilbe

rund	*runder*	*am rund**est**en*
nass	*nasser*	*am nass**est**en*

  aber: *neidisch – neidischer – am neidischsten* (da nicht endbetont)

- Umlaut bei Komparativ und Superlativ in einigen kurzen Wörtern:
  a,o,u wird zu **ä,ö,ü**

arm	*__ä__rmer*	*am __ä__rmsten*
grob	*gr__ö__ber*	*am gr__ö__bsten*
klug	*kl__ü__ger*	*am kl__ü__gsten*

- Im Komparativ fällt ein **-e** weg (▶ vgl. S. 51)

teuer	*teurer*	*am teuersten*
sauer	*saurer*	*am sauersten*

Unregelmäßige Steigerungsformen

Die unregelmäßigen Steigerungsformen folgen keiner Regel.
Darum ist es gut, die Adjektive mit diesen Formen zu lernen.

Positiv	Komparativ	Superlativ
gut	*besser*	*am besten*
hoch	*höher* (ohne c)	*am höchsten*
nah	*näher*	*am nächsten* (mit c)
viel	*mehr*	*am meisten*

LEICHT GEMERKT

6. Verstärkung von Adjektiven

Manchmal möchte man eine Eigenschaft besonders betonen. Das Adjektiv wird dann durch ein **Adverb** positiv oder negativ verstärkt.

▸ Modaladverbien, S. 137

Die Adverbien zur Verstärkung lassen sich folgendermaßen sortieren:

	hochsprachlich	umgangssprachlich
	äußerst, überaus, besonders, außergewöhnlich, ungewöhnlich, ganz (betont)**	*extrem*
	sehr	*furchtbar*, fürchterlich*, wahnsinnig*, irre*, brutal*, total*
	ziemlich, recht	
	ganz (unbetont)**	
	einigermaßen, mehr oder weniger	
	halbwegs	

* In Kombination mit einem Adjektiv verschwindet die negative Bedeutung der Adverbien!
*Ich finde dich **schrecklich** nett.* (Ich finde dich sehr, sehr nett und nicht etwa schrecklich.)

** Die Bedeutung von **ganz** hängt von der Betonung (vgl. das jeweils fett markierte Wort) ab:
*Ich finde Laura **ganz** nett.* (= ungewöhnlich sympathisch).
*Ich finde Laura ganz **nett**.* (= nett, aber nicht sympathischer als andere).

Adjektive kann man sich sehr gut mit Gegensätzen merken:
groß – klein, schwarz – weiß, offen – geschlossen, falsch – richtig, kalt – heiß etc. Zur Bildung von Gegensatzpaaren mithilfe von Präfixen und Suffixen ▸ Die Wortbildung S. 109 f.

Merken Sie sich die Gegensatzpaare am besten mit kleinen Sätzen:
*Im **heißen** Sommer esse ich am liebsten **kaltes** Eis.*

Nutzen Sie die Gegensatzpaare auch zum Üben der Deklination:
*Ich schütte **kalte** Milch in den **heißen** Kaffee. **Heißer** Kaffee schmeckt nur mit **kalter** Milch.* etc.

DIE ZAHLEN

Zahlen und Zahlwörter braucht man bei vielen Gelegenheiten, z. B.:

- bei der Angabe der Uhrzeit: *Es ist **zwölf** Uhr.*
- bei der Angabe der Anzahl: *Das ist ein Zimmer für **vier** Personen.*
- bei Mengenangaben: ***Fünfhundert** Gramm Möhren kosten **zwei** Euro.*
- bei der Angabe des Alters: *Sie ist erst **zwei** Jahre alt.*

Zahlwörter kann man in vier große Gruppen einteilen: Grundzahlen, Ordnungszahlen, Bruchzahlen, sonstige Zahlwörter.
Grammatisch kann das Zahlwort in folgender Form auftreten:

- als Substantiv: *Er startet im Marathon mit der **Fünf**.*
  ▸ Substantive, S. 13 ff.

 Als Substantive werden Zahlwörter immer groß geschrieben.

- als Adjektiv: *Die **vier** Stadtmusikanten kommen aus Bremen.* Im Gegensatz zu den anderen Adjektiven werden Zahlwörter nicht dekliniert.

1. Die Grundzahlen (Kardinalzahlen)

Die folgende Tabelle sollten Sie auswendig lernen. Sie bildet die Grundlage für alle anderen Zahlen.

	Einer	10-19	20-29		Zehner
0	null	zehn	zwanzig		
1	eins	**elf**	einundzwanzig	10	zehn
2	zwei	**zwölf**	zweiundzwanzig	20	zw**an**zig
3	drei	dreizehn	dreiundzwanzig	30	drei**ß**ig
4	vier	vierzehn	vierundzwanzig	40	vierzig
5	fünf	fünfzehn	fünfundzwanzig	50	fünfzig
6	sechs	sechzehn **(ohne -s)**	sechsundzwanzig	60	sechzig **(ohne -s)**
7	sieben	siebzehn **(ohne -en)**	siebenundzwanzig	70	siebzig **(ohne -en)**
8	acht	achtzehn	achtundzwanzig	80	achtzig
9	neun	neunzehn	neunundzwanzig	90	neunzig

LEICHT GEMERKT

Zweistellige Zahlen liest man rückwärts!

19   **27**

neunzehn   *siebenundzwanzig*

eins – kann als Zahlwort nicht vor einem Substantiv stehen. Deshalb benutzt man den unbestimmten Artikel, der entsprechend dekliniert werden muss. ▸ Unbestimmter Artikel, S. 8
*Mit **einem** Schuh kommt man nicht weit.*

Merken Sie sich noch folgende Zahlen:

100	1 000	1 000 000	1 000 000 000
(ein)hundert	*(ein)tausend*	*eine Million*	*eine Milliarde*

Dann können Sie alle anderen Zahlen ganz einfach selbst bilden.

100-900

200	zweihundert	500	fünfhundert	800	achthundert
300	dreihundert	600	sechshundert	900	neunhundert
400	vierhundert	700	siebenhundert		

1000 – 1000 000

2 000	zweitausend	30 000	dreißigtausend
3 000	dreitausend	100 000	(ein)hunderttausend
10 000	zehntausend	200 000	zweihunderttausend
11 000	elftausend		

Kombinationen

340	dreihundertvierzig
578	fünfhundertachtundsiebzig
2 466	zweitausendvierhundertsechsundsechzig
15 350	fünfzehntausenddreihundertfünfzig
370 711	dreihundertsiebzigtausendsiebenhundertelf
1 500 000	eine Million fünfhunderttausend

 Ab einer Million € werden die Kardinalzahlen als Wort nicht mehr zusammengeschrieben.

Lust auf Mathematik?

Schreibweise	gesprochen
Addition: 5 + 3 = 8	*Fünf plus drei ist / ist gleich / macht / ergibt acht.*
Subtraktion: 11 - 6 = 5	*Elf minus sechs ist / ist gleich / macht / ergibt fünf.*
Multiplikation: 4 × 3 = 12	*Vier mal drei ist / ist gleich / macht / ergibt zwölf.*
Division: 12 : 6 = 2	*Zwölf (geteilt) durch sechs ist / ist gleich / macht / ergibt zwei.*

Die Dezimalzahlen:

Schreibweise	gesprochen
0,5	*null Komma fünf*
3,4	*drei Komma vier*
11,89	*elf Komma acht neun*

Die Währungen im deutschsprachigen Raum

Währung für Deutschland und Österreich

12 €	*zwölf Euro*
4,50 €	*vier Euro fünfzig (Cent)*

Währung für die Schweiz

1,- sfr/sFr	*ein (Schweizer) Franken*
1,80 sfr/sFr	*ein Franken achtzig (Rappen)*

Die Jahreszahlen

1989 – *neunzehnhundertneunundachtzig*
1543 – *fünfzehnhundertdreiundvierzig*
2001 – *zweitausend(und)eins*

Im Satz kann man die Jahreszahlen folgendermaßen verwenden:

2005 *hatten wir Besuch aus Afrika.*
oder: ***Im Jahr(e) 2005*** *hatten wir Besuch aus Afrika.*

Die Uhrzeit

Im Deutschen gibt es zwei Möglichkeiten, die Uhrzeit auszudrücken. Es gibt eine *offizielle* Zeitangabe, wie in den Nachrichten, und eine *umgangssprachliche*, die man im täglichen Sprachgebrauch benutzt. Umgangssprachlich beschreibt man den Stand des großen Zeigers (Minutenzeigers) wie folgt:

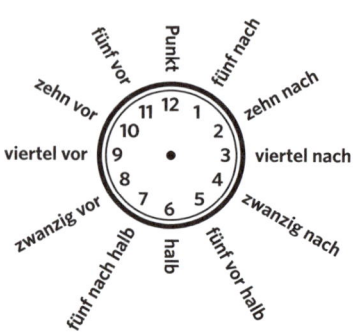

In einigen Regionen der deutschsprachigen Länder hört man auch die Zeitangabe *viertel zehn* (= 9.15) *dreiviertel zehn* (= 9.45).

LEICHT GEMERKT

Deutsche gelten als pünktlich und planen gern. Deswegen denken sie schon, wenn die Stunde noch nicht einmal halb herum ist (25 von 60 Minuten), an die nächste Stunde.

08:25 = *fünf vor halb neun*

Nach der Uhrzeit kann man folgendermaßen fragen und antworten:

Wie spät ist es?   **Es ist** neunzehn Uhr dreißig.
Wie viel Uhr ist es?   **Es ist** Viertel vor acht.
Um wie viel Uhr fängt der Film an?   **Um** zwanzig Uhr.
Wann treffen wir uns?   **Um** halb acht.

Das Wörtchen **Uhr** wird wie folgt verwendet:

offiziell	**umgangssprachlich**
immer (zwischen der Stunde und den Minuten)	**nur zur vollen Stunde!**
zwanzig Uhr	*acht Uhr*
zwanzig Uhr zehn	*zehn nach acht*
zwanzig Uhr dreißig ...	*halb neun ...*

Uhrzeit – offziell und umgangssprachlich

offiziell   **umgangssprachlich**

zwölf Uhr/vierundzwanzig Uhr
(auch null Uhr oder Mitter-      *zwölf*
nacht)

elf Uhr dreißig   *halb zwölf*

elf Uhr fünfundvierzig/
dreiundzwanzig Uhr   *Viertel vor zwölf*
fünfundvierzig

zwölf Uhr fünfzehn/   *Viertel nach zwölf*
null Uhr fünfzehn

zwölf Uhr fünfundfünfzig/   *fünf vor eins*
null Uhr fünfundfünfzig

zwei Uhr fünfzig/      *zehn vor drei*
vierzehn Uhr fünfzig

drei Uhr vierzig/      *zwanzig vor vier*
fünfzehn Uhr vierzig

siebzehn Uhr fünfundzwanzig/   *fünf vor halb sechs*
fünf Uhr fünfundzwanzig

acht Uhr zweiunddreißig/      *kurz nach halb neun*
zwanzig Uhr zweiunddreißig

elf Uhr achtundfünfzig/dreiund-      *kurz vor zwölf*
zwanzig Uhr achtundfünfzig

Bruchzahlen, Gewichte und Maße

Bruchzahlen

1/100	*ein Hundert**stel***
1/10	*ein Zehntel*
1/8	*ein **Ach**tel*
1/4	*ein Viertel*
1/3	*ein **Drit**tel*
1/2	***ein halb-***
1/20	*ein Zwanzig**stel***
3/4	*drei Viertel*
1 ½	*eineinhalb (anderthalb)*
3 ½	*dreieinhalb*

Bildung: ***ein*** + Grundzahl + -(s)***tel***

Solange die Zahlen klein sind (3 bis 19), bekommen Sie die Endung **-tel**. Sind sie erwachsen (ab 20), erhalten sie die Endung **-stel**.

Bei Maßen und Gewichten sind Bruchzahlen unveränderliche Adjektive. Bis auf 1/2 (*ein halb*) haben sie aber keine typischen Adjektivendungen.

ein Viertel *Liter Milch,* ***ein Achtel*** *Liter Öl,* ***eine Hundertstel*** *minute,* ***ein halbes*** *Brot,* ***eine halbe*** *Torte*

Gewichte

1 kg	*– ein Kilo(gramm)*
1½ kg	*– eineinhalb Kilo /* ***anderthalb*** *Kilo*
1 Pfd	*– ein Pfund* (nicht in Österreich)
1 g	*– ein Gramm*
1 dag	*– ein Dekagramm = 10g* (nur in Österreich)
500 g	*= ein Pfund / ein halbes Kilo*
1000 g	*= 1 Kilo*

Besondere Mengenangaben:

ein Dutzend = 12, ***1 Paar*** = 2, ***ein paar*** = eine unbestimmte geringe Menge

Maße

1 l	= ein Liter		
0,1 l	= *ein Deziliter*		
1 km	= *1 Kilometer*	1 mm	= *1 Millimeter*
1 km/h	= *ein Kilometer pro Stunde*	1°C	= *1° Celsius*
1 m	= *ein Meter*	− 1°C	= *minus ein Grad (Celsius)*
1 m²	= *ein Quadratmeter*		oder: *ein Grad unter null*
1 m³	= *ein Kubikmeter*	+ 1°C	= *plus ein Grad (Celsius)*
1 cm	= *ein Zentimeter*		oder: *ein Grad über null*

Sonstige Zahlwörter

Vervielfältigungszahlen geben an, **wie oft** etwas vorhanden ist.

Zur Bildung wird an die Grundzahl *-fach* angehängt:

einfach	*1fach*	*dreifach*	*3fach*
zweifach	*2fach*	*usw.*	

*Das Buch gibt es in **zweifacher** Ausführung.*
*Das war ein **dreifacher** Betrug.*

Gattungszahlen geben an, wie viele Arten es gibt. Bildung: Grundzahl +
-er + *-lei*

*zwei**erlei** Käse, fünf**erlei** Soßen*

Wiederholungszahlen geben an, wie oft etwas wiederholt wird.
Bildung: Grundzahl + *-mal*

*Ich habe fünf**mal** angerufen und zwei**mal** geklingelt.*

2. Die Ordnungszahlen

Mit den Ordnungszahlen (Ordinalzahlen) kann man eine Reihenfolge
festlegen.

*der **erste** Platz, der **zweite** Platz und der **dritte** Platz*

Als Ziffer steht nach der Ordnungszahl immer ein Punkt.
*der **1.** Platz, der **2.** Platz und der **3.** Platz*

Die Bildung der Ordnungszahlen

Vergleichen Sie die Regel von S. 55:

kleine Zahlen (3 bis 19)	*der achtzehnte Geburtstag*
erwach**s**ene Zahlen (ab 20)	*der fünfzig**s**te Geburtstag*

Ordnungszahlen *1. – 19.*: Grundzahl + *-t* (aber unregelmäßige Bildung bei *1.* und *3.*)			
1.	**erst-**	6.	sechst-
2.	zweit-	7.	sieb(en)t-
3.	**dritt-**	8.	acht- *(nur ein -t)*
4.	viert-	9.	neunt-
5.	fünft-	10.	zehnt-

Ordnungszahlen **ab 20.**: Grundzahl + *-st*			
20.	zwanzigst-	30.	dreißigst-
21.	einundzwanzigst-	31.	einunddreißigst-
22.	zweiundzwanzigst-	32.	zweiunddreißigst-
23.	dreiundzwanzigst-	33.	dreiunddreißigst-
24.	vierundzwanzigst-	34.	vierunddreißigst-
25.	fünfundzwanzigst-	35.	fünfunddreißigst-
26.	sechsundzwanzigst-	36.	sechsunddreißigst-
27.	siebenundzwanzigst-	37.	siebenunddreißigst-
28.	achtundzwanzigst-	38.	achtunddreißigst-
29.	neunundzwanzigst-	39.	neununddreißigst-

Die Ordnungszahlen werden wie Adjektive dekliniert. Sie können mit und ohne Artikelwort vor dem Substantiv stehen. Danach richtet sich auch die Endung.

▶ Deklination der Adjektive, S. 46 ff.

- ohne Artikelwort *Die Flasche Sekt war **erste** Wahl.*
- mit bestimmtem Artikel *Ich bin **das erste** Mal im Theater gewesen.*
- mit unbestimmtem Artikel *Es gibt immer **ein erstes** Mal.*
- Aufzählungen: **erstens, zweitens, drittens**
  Bildung: Ordnungszahl + Endung **-ens**
  ***Erstens** bin ich nicht blöd und **zweitens** kann ich das alleine und **drittens** geht dich das gar nichts an.*

Die Ordinalzahl kann auch als **Substantiv** auftreten.

*Er will immer **Erster** sein. **Zweiter** zu sein genügt ihm nicht.*
*Ludwig **der Vierzehnte** (XIV.) war der Sonnenkönig.*

In Verbindung mit **zu** ist die Ordinalzahl endungslos.
*Heute Abend sind wir **zu zweit**. Vielleicht aber auch **zu dritt**.*

Das Datum

Für die Angabe des Datums stehen die Ordnungszahlen als Ziffern. Auch hier folgen die Endungen den Regeln für die Adjektivdeklination,
▶ S. 46 f.

- im Nominativ: *Heute ist **der 1. (= erste) Mai**.*
- im Dativ: *Am Samstag, **dem 3. August,** / Am 3. **(= dritten) August** komme ich zu dir.*
  ***Vom 15.3.–21.4.2008 (vom fünfzehnten Dritten bis zum einundzwanzigsten Vierten)** möchte ich ein Zimmer reservieren.*
- im Akkusativ: traditionelle Schreibweise im Brief: , ***den 24.12.2006 (= vierundzwanzigsten Zwölften)***

DAS VERB

Das Verb spielt eine wichtige Rolle im Satz. Es bestimmt den Satzbau (▸ Das Verb im Satz (Prädikat), S. 144) und kann viele Dinge beschreiben:

Handlungen	*Der Junge **läuft** zum Bäcker und **kauft** ein Brot.*
Vorgänge	*Es **regnet** und **stürmt** gerade.*
Sinneseindrücke	*Opa **hört** die Vögel zwitschern.*
Empfindungen	*Es **macht** ihm Spaß andere zu ärgern.*
Bewusstseinsprozesse	*Ich **denke**, du **weißt**, was ich **meine**.*

Die Veränderung des Verbs wird Konjugation genannt.
Das Verb verändert sich in:

•	Person	1., 2. oder 3. Person
		***ich** spiele, **er** spielt*
•	Numerus	Singular (Einzahl) oder Plural (Mehrzahl)
		***ich** spiele - **wir** spielen*
•	Tempus	die grammatischen Zeiten
		*er spiel**t**, er spiel**te**, er **hat** gespielt*
•	Modus	die Aussageweise des Sprechers
		*er spiel**t**, er spiel**e**, er **würde** spiel**en**, spiel**!***
•	Aktiv/Passiv	die Handlungsarten
		*Er **spielt** Schach. Hier **wird** Schach **gespielt**.*

Nach ihrer Funktion im Satz kann man die Verben in Gruppen einteilen:

Vollverben ▸ S. 64 ff., Hilfsverben ▸ S. 71, Modalverben ▸ S. 72 ff.

1. Das Vollverb

Die meisten Verben gehören zu den Vollverben. Das heißt: – Sie können allein das Prädikat im Satz bilden und drücken aus, was passiert.

Zu den Vollverben gehören:

1. Verben mit Objekten (Ergänzungen)
   kaufen + Akkusativ   ***geben*** + Dativ + Akkusativ
2. Reflexive Verben
   ***sich** bedanken*   ***sich** beeilen*
3. Verben mit präpositionalen Angaben
   *sich interessieren **für*** + Akkusativ   *halten **von*** + Dativ
4. Funktionsverben
   ***geben**: einen Rat geben ...*   ***tun**: leidtun ...*
5. Trennbare und nicht trennbare Verben
   einkaufen ▸ *ich kaufe ein*   ***verkaufen*** ▸ *ich verkaufe*

Verben mit Objekten

Manche Verben brauchen eine Ergänzung: Man unterscheidet dabei zwei Gruppen.

Transitive Verben

Objekte stehen im Akkusativ
▸ Objekte im Satz, S. 144 ff.

*Ich mag **ihn**.* (Akkusativ)
*Er liest **ein Buch**.* (Akkusativ)

Intransitive Verben

Objekte stehen

- im **Dativ** oder **Genitiv**

  *Er hilft **ihm**.* (Dativ)
  *Wir gedenken **des Toten**.* (Genitiv)

- mit einer Präposition

  *Sie spricht **mit ihm**.* (Präp. + Dat.)
  *Sie lacht **über den Witz**.* (Präp. + Akk.)

- ohne Objekt

  Die Medizin hilft schnell. (ohne Objekt)

Viele Verben können **transitiv und intransitiv** gebraucht werden.

transitiv: *Sie spricht die deutsche Sprache.* (Akkusativ)
intransitiv: *Sie spricht mit dem Arzt.* (Objekt mit Präposition)

! Transitive Verben können das **Passiv** bilden. ▸ Passiv, S. 104
Ein intransitives Verb kann **kein Passiv** bilden.

LEICHT GEMERKT

Entscheidungshilfe für die Wahl des Falles:

Verb hat nur **zwei Ergänzungen**
Verb hat nur **eine Ergänzung**

Person: Dativ, Sache: Akkusativ
meist Akkusativ,
Ausnahme: Tabelle auf der Folgeseite

LEICHT GEMERKT

Folgende Verben stehen mit dem Dativ:

Sinne	**auffallen**	*Das ist mir auch schon aufgefallen.*
	begegnen	*Er begegnet mir jeden Tag.*
	entgehen	*Seinen Blicken entgeht nichts.*
	schmecken	*Die Suppe schmeckt mir nicht.*
Gefühle	**(ver)trauen**	*Vertraue mir! Ihm kann man nicht trauen.*
	fehlen	*Du fehlst mir.*
	gefallen	*Die Musik gefällt mir.*
	leid tun	*Das tut mir leid!*
	reichen	*Jetzt reicht's mir aber.*
	weh tun	*Das hat ihm sehr weh getan*
Äuße-rungen	**antworten**	*Antworte mir!*
	danken	*Ich danke dir!*
	drohen	*Willst du mir drohen?*
	gratulieren	*Ich gratuliere dir zum Abitur.*
	zustimmen	*Dem kann ich nur zustimmen.*
Aus-sehen	**ähneln**	*Sie ähnelt ihrer Mutter.*
	passen	*Die Schuhe passen mir nicht.*
Bewe-gung	**ausweichen**	*Er weicht meinen Fragen aus.*
	entkommen	*Der Dieb ist der Polizei knapp entkommen.*
	folgen	*Folgen Sie mir.*
	sich nähern	*Wir nähern uns unserem Ziel.*
	winken	*Er winkt mir zum Abschied.*
Mitein-ander	**helfen**	*Hilf mir bitte!*
	beistehen	*Steh mir bei!*
Zuge-hörigkeit	**beitreten**	*Er tritt der Partei bei.*
	gehören	*Wem gehört die Tasche?*
	kündigen	*Die Firma kündigt dem Angestellten.*
Ge-danken	**aufgehen**	*Das ist mir jetzt erst aufgegangen.*
	einfallen	*Sein Name fällt mir gleich ein.*
	entfallen	*Sein Name ist mir entfallen.*
Bewer-tung	**bevorstehen**	*Das Schlimmste steht uns noch bevor.*
	entsprechen	*Das entspricht meinen Erwartungen.*
	glücken	*Dieses Mal ist der Versuch geglückt.*
	nützen	*Das nützt mir gar nichts.*
	passieren	*Ihm ist nichts passiert.*
	schaden	*Rauchen schadet der Gesundheit.*

Reflexive Verben

Viele Verben werden in Verbindung mit einem Reflexivpronomen benutzt. Das Reflexivpronomen bezieht sich auf das Subjekt des Satzes. Es kann im Dativ oder Akkusativ stehen. ▸ Reflexivpronomen, S. 30

Dativ: *Ich wasche **mir** die Hände.*
Akkusativ: *Ich freue **mich** auf das Abendbrot.*

Man unterscheidet echte und unechte reflexive Verben:
Bei einem echten reflexiven Verb kann kein Substantiv als Ersatz stehen.
*Ich bedanke **mich**.*

Bei einem unechten reflexiven Verb kann als Ersatz ein Substantiv stehen. *Ich wasche **mich**. – Ich wasche **meine Socken**.*

Verben mit präpositionalen Angaben

Einige Verben sind fest mit einer bestimmten Präposition verbunden. Die Präposition verlangt einen bestimmten Kasus:

denken an + Akkusativ: *Ich **denke** oft **an** meinen Urlaub.*

gehen um + Alkkusativ: *Es **geht um** meine Rechnung.*
                                    ▸ Die Präpositionen S. 124 f.

Viele dieser Vollverben gehören auch in die Gruppe der reflexiven Verben oder der Funktionsverben:

sich interessieren für + Akkusativ: *Max **interessiert sich für** das neue Motorrad von BMW.* (Reflexivverb)

Angst haben vor + Dativ: *Kleine Kinder **haben Angst vor** Monstern.* (Funktionsverb)

Funktionsverben

Manchmal bilden Verben zusammen mit einem Substantiv (als Akkusativ- oder Präpositionalobjekt) das Prädikat. Dann nennt man sie Funktionsverben.

Oft sind die Funktionsverben nur eine Stilvariante eines einfachen Verbs:

einfache Ausdrucksweise	stilistisch höhere Variante
Darf ich mal etwas fragen? *Er* kritisiert *die Zustände.*	*Darf ich Ihnen* eine Frage stellen? *Er* übt Kritik an *den Zuständen.*

Funktionsverben mit Präpositionen haben oft eine neue Bedeutung:

Setz **deine Gesundheit nicht** aufs Spiel*!*   (= riskieren)
Diese Nachteile musst du in Kauf nehmen*.*   (= akzeptieren)

Hier eine Liste der wichtigsten Funktionsverben:

anstellen	Berechnungen, Überlegungen
bringen	zum Abschluss, zum Ausdruck, zu Ende, unter Kontrolle, in Ordnung, in Schwierigkeiten, zur Sprache, zum Stehen, in Verlegenheit, zur Verzweiflung
finden	Anerkennung, Anwendung, Beachtung, Gefallen, Interesse, den Tod, Unterstützung, Verständnis, Zustimmung
führen	eine Ehe, ein Gespräch, einen Krieg
nehmen	in Angriff, in Anspruch, in Betrieb, Bezug (auf), in Empfang, zur Kenntnis, Rücksicht (auf), in Schutz
setzen	unter Druck, in Kenntnis, außer Kraft, sich in Verbindung (mit), sich zur Wehr, sich zum Ziel
stellen	Ansprüche, einen Antrag, eine Bedingung, zur Diskussion, eine Forderung, in Frage, zur Verfügung
stehen	zur Diskussion, unter Druck, in Frage, im Gegensatz (zu), zur Verfügung, zur Wahl, in Widerspruch (zu), in Zusammenhang (mit), außer Zweifel
treffen	eine Absprache / Vereinbarung (mit), eine (Aus-)Wahl, eine Entscheidung, eine Maßnahme, Vorbereitungen
unternehmen	eine Reise, einen Versuch, Anstrengungen
ziehen	in Betracht, in Erwägung, ins Vertrauen, in Zweifel

Trennbare und nicht trennbare Verben

Verben können mit trennbaren und nicht trennbaren Präfixen kombiniert werden. Dadurch bekommen die Verben eine neue Bedeutung, z. B. *laufen:* **ab**laufen, **hin**laufen, **weg**laufen, **ver**laufen, **ent**laufen
▸ Ableitungen mit Präfixen, S. 110 f.
Trennbare Verbzusätze (Präfixe) sind **betont**. Sie werden im Präsens und Präteritum abgetrennt, wenn kein zweites Verb im Satz ist.

Die wichtigsten trennbaren Verbzusätze

ab-	abfahren	*Der Zug **fährt** pünktlich **ab**.*
an-	anfassen	*Er **fasst** den Stoff **an**.*
auf-	aufpassen	***Pass** doch **auf**!*
aus-	ausrutschen	*Er **rutscht** auf einer Bananenschale **aus**.*
ein-	einkaufen	*Wir **kaufen** immer am Donnerstag **ein**.*
her-	herkommen	***Komm** doch mal **her**!*
hin-	hingehen	*Wo **gehst** du **hin**?*
los-	loslassen	***Lass** mich endlich **los**!*
mit-	mitkommen	***Er** kommt **mit**.*
vor-	vorschlagen	*Ich **schlage vor**, wir machen jetzt Schluss.*
weg-	wegbringen	*Du **bringst** die Post **weg**.*
weiter-	weiterlesen	***Lesen** Sie bitte **weiter**!*
zu-	zuhören	***Hörst** du mir bitte mal **zu**!*
zurück-	zurückkommen	*Er **kam** gestern aus dem Urlaub **zurück**.*

Die Satzstellung bei Verben mit trennbarem Präfix

Position 1	Verb	Mittelfeld	Satzende
Wir	*fahren*	*morgen*	*weg*.
	Geht	*endlich*	*weg!*
Unsere Nachbarn	*sind*	*auch schon*	*weggefahren.*
Willst	*du*	*nicht auch*	*weggehen?*
Ich hoffe,		*dass sie gut*	*ankommt.*

Trennbare Verben

zerfallen in <u>zwei Teile</u>
- in den **einfachen Zeiten** (Präsens, Präteritum)
- im **Imperativ**

bleiben <u>zusammen</u>
- in den **zusammengesetzten Zeiten** (Perfekt*, Plusquamperfekt*, Futur)
- nach **Modalverben**
- in **Nebensätzen**

* Die Silbe -**ge**- tritt dabei zwischen Präfix und Stamm.

Untrennbare Präfixe

Untrennbare Präfixe können nicht allein stehen und sind meist **unbetont**. ▸ Bedeutung der Präfixe, S. 110 f.

Präfix	Beispiel-Infinitiv	Beispielsatz
be-	besuchen	*Ich **besuche** dich bald.*
ent-	entwerfen	*Er **entwirft** das Gebäude.*
er-	erscheinen	***Erscheinen** Sie bitte pünktlich.*
ge-	gefallen	*Du **gefällst** mir sehr.*
miss-	missverstehen	*Sie **missversteht** ihn mit Absicht.*
wider-	widersprechen	*Ich weiß, dass das der Regel **widerspricht**.*
ver-	verlieren	*Ich will nicht schon wieder **verlieren**.*
zer-	zerschneiden	***Zerschneidet** das Papier nicht!*

Mehrteilige Verben

Diese Verben bilden das Prädikat aus zwei Teilen. Der erste Teil (Partizip, Substantiv oder Adverb) bleibt unverändert. Er tritt ans Satzende.

Infinitiv	konjugierte Form
geschenkt bekommen	*Er **bekommt** Blumen **geschenkt**.*
Rad fahren	*Wir **fahren** Rad,*
rückwärts fahren	*Das Auto **fährt** rückwärts.*

Zu den Verben mit Infinitiv ▸ Der Infinitiv, S. 74

2. Die Hilfsverben

Zu den Hilfsverben gehören **sein, haben** und **werden.** Man braucht sie,

- um die **zusammengesetzten Zeitformen** zu bilden. ▸ Die Tempora, S. 85
  *Sie **ist** in die Badewanne gegangen und **hat** sich gewaschen.* (Perfekt)
  *Er **hatte** schlecht geschlafen.* (Plusquamperfekt)
  *Wann **wird** sie kommen?* (Futur)

- bei der Bildung des **Passivs**: ▸ S. 104 ff.
  *Das Baby **wurde** geboren.*

- bei der Bildung des Konjunktivs: ▸ S. 94
  *Ich **würde** dir gern helfen.*

sein, **haben** und **werden** können sich mit folgenden Wortarten verbinden:

Adjektiv / Adverb:	*Der Großvater ist **alt**.* *Ich habe dich **lieb**.* *Es wird jetzt langsam **wärmer**.*
Substantiv(gruppe):	*Die Großmutter ist **eine alte Frau**.* *Sie hat heute **Geburtstag**.* *Wenn ich groß bin, werde ich **Lehrerin**.*
Modalverb (+ Ergänzung):	*Ich **möchte** einmal **reich sein**.* *Das Auto **muss** ich einfach **haben**.* *Was **möchtest** du einmal **werden**?*

Zur Unterscheidung von Vollverb und Hilfsverb:

		LEICHT GEMERKT
Vollverb	• steht nur in Verbindung mit einem Modalverb, Substantiv, Adjektiv oder Adverb. • drückt die Handlung des Satzes aus.	
Hilfsverb	• steht nur in Verbindung mit einem Vollverb. • drückt nicht die Handlung des Satzes aus, sondern verweist nur auf die zeitlichen Abläufe.	

 Achtung: Wenn man **werden als Hilfsverb** verwendet, heißt das Partizip II **worden**: *Max ist 2010 geboren **worden**.*

Wenn man **werden** als Vollverb verwendet, heißt das Partizip II **geworden**: *Herr Maier ist Geschäftsführer **geworden**.*

3. Die Modalverben

Die Modalverben bestimmen die Einstellung, die jemand zu einer Tätigkeit hat. Es gibt sechs Modalverben: *dürfen, können, müssen, sollen, wollen, mögen*.

Modalverben stehen meist mit einem anderen Verb. Das zweite Verb steht dann im Infinitiv am Satzende. *Sie **soll** morgen nicht **kommen**.*

Die Bedeutungen der Modalverben ohne Verneinung

Modalverb	Bedeutung	Beispiel
dürfen	Erlaubnis	*Ich **darf** im Raucherraum rauchen.*
können	Möglichkeit Fähigkeit höfliche Bitte Billigung	*Sie **können** das Auto abholen.* *Sie **kann** Ski fahren.* ***Können** Sie mir ein Bier bringen?* *Das **kannst** du ruhig machen.*
mögen	Neigung oder Vorliebe	*Ich **mag** Himbeereis.*
müssen	Notwendigkeit Befehl / Aufforderung	*Ich **muss** sofort etwas essen. Ich sterbe vor Hunger.* *Du **musst** jetzt schlafen. Morgen hast du zur ersten Stunde Schule.*
sollen	Rat oder Aufforderung einer anderen Person allgemeine Regel	*Ich **soll** die die Tabletten dreimal täglich nehmen, sagt der Arzt.* *Nach dem Essen **sollst** du ruhn oder tausend Schritte tun.*
wollen	Wille oder Absicht	*Sie **will** das Abitur machen.*

Die Konjunktiv II-Formen von *mögen* lauten *möchte, möchtest ...* und haben im Gegensatz zum Indikativ die Bedeutung von *wünschen*. Sie werden häufig als höflichere / schwächere Variante von *wollen* benutzt.

Wunsch (als Ersatz für *wollen*), in Verbindung mit einem **Verb**	**Gefallen**, in Verbindung mit einem **Substantiv**
*Ich **möchte** nach Paris (fahren).* *Ich **möchte** einen Tee (trinken).*	*Ich **mag** Paris.* *Ich **mag** Tee.*

Modalverben können auch ohne Infinitiv stehen, wenn aus der Situation klar hervorgeht, was gemeint ist.

*Ich **möchte** einen Tee (trinken).*
*Kommst du mit? Nein, ich **kann** nicht (mitkommen).*
*Ich **muss** nach Hause (gehen).*

Die Negation der Modalverben

Werden Modalverben verneint, verändert sich zum Teil die Bedeutung.

Modalverb	Beispiel + Bedeutung
nicht dürfen	*Im Restaurant **darf** man **nicht** rauchen.* (Verbot)
nicht können	*Sie **können** das Auto noch **nicht** abholen. Es ist noch nicht fertig.* (keine Möglichkeit) *Er **kann nicht** Ski fahren.* (Unfähigkeit) ***Können** wir **nicht** noch bleiben?* (höfliche Bitte) *Das **kannst** du doch **nicht** machen!* (Kritik)
nicht mögen	*Ich **mag kein** Bananeneis.* (Abneigung)
nicht müssen	*Ich **muss** gar **nichts** essen. Ich bin noch ganz satt.* (keine Notwendigkeit) *Du **musst** noch **nicht** schlafen. Morgen kannst du ja ausschlafen.* (gelockerter Befehl)
nicht sollen	*Du **sollst nicht** töten.* (moralisches Verbot)
nicht wollen	*Sie **will nicht** studieren.* (Ablehnung)

Verben mit speziellen Bedeutungen

Auch *lassen* kann wie ein Modalverb verwendet werden:

Aufforderung	***Lassen** Sie bitte den Koffer stehen.*
Auftrag	*Die Mutter **lässt** das Haus streichen.*
Erlaubnis	*Er **lässt** sie zur Disco gehen.*
Verbot	***Lassen** Sie das!*
Verzicht	*Ich **lasse** das lieber.*

Die Bedeutung von *brauchen*

Brauchen kann – mit den Wörtern *nur* und *nicht* – wie ein Modalverb benutzt werden. Der Infinitiv wird dann mit *zu* gebildet. Es hat dann etwa die Bedeutung von *müssen / nicht müssen*.

es ist **notwendig** (müssen)	*Du **brauchst nur zu** klopfen, dann mache ich dir auf.*
es ist **nicht notwendig** (nicht müssen)	*Ihr **braucht nicht zu** kommen, der Unterricht fällt aus.*

LEICHT GEMERKT

Wer **brauchen** ohne **zu** gebraucht, braucht brauchen überhaupt nicht zu gebrauchen.

Alle **anderen** Modalverben: **zu!**

4. Der Infinitiv

Der Infinitiv ist die Grundform des Verbs. Fast alle Infinitive setzen sich aus dem Wortstamm und der Endung **-en** zusammen. (*laufen, machen*)

Ausnahmen bilden die Verben auf **-ern**, **-eln**, (*dauern, lächeln*)

Der Infinitiv ohne *zu*

Infinitive benutzt man

- im Futur I: *Sie **wird** morgen nach Berlin **fahren**.*
- im Futur II: *Morgen **wird** sie die Prüfung **geschrieben haben**.*
- im Konjunktiv II (▶ S. 98 ff.): *Ich **würde** gerne **schlafen**.*
- mit Modalverben: *Sie **soll** doch **kommen**.*
- bei kurzen Aufforderungen: *Bitte die Türen **schließen**.*

Folgende Verben können in Verbindung mit einem Infinitiv auftreten:

bleiben	Er **bleibt** nicht auf der Straße **stehen**.
fahren / gehen	Sie **fährt / geht** in die Stadt **einkaufen**.
lernen	Er **lernt** gerade Flöte **spielen**.
hören	Ich **höre** die Vögel **singen**.
sehen	Ihr **seht** die Blumen **wachsen**.
lassen	Sie **lassen** ihn noch **schlafen**.
helfen	Sie **hilft** ihr aufräumen.

Infinitive als Substantive

Infinitive können auch als Substantive gebraucht werden. Vor dem Infinitiv steht ein neutraler Artikel. Der Infinitiv wird großgeschrieben.

Nach dem Aufstehen braucht er einen Kaffee.

Der Infinitiv mit *zu*

Nach manchen Verben, Substantiven und Adjektiven steht *zu* + Infinitiv.

*Das Kind **scheint zu schlafen**.*
*Er **hat Mühe**, alles **zu verstehen**.*
***Es ist nett**, alten Leuten **zu helfen**.*

 Vor *zu* + Infinitiv kann man zum besseren Verständnis ein Komma setzen, wenn zum Infinitivsatz drei oder mehr Wörter gehören.

Verben mit *zu* + Infinitiv

a) Bei einigen Verben steht *zu* + Infinitiv anstelle eines Nebensatzes mit *dass*, wenn das Subjekt im Haupt- und Nebensatz identisch ist.

- *meinen:*
  Er meint, dass **er** Recht hat.　▶　*Er meint, Recht **zu haben**.*

- *sich freuen:*
  Wir freuen uns, dass **wir** ihn　▶　*Wir freuen uns, ihn bald*
  bald wiedersehen.　　　　　　　　***wiederzusehen**.*

Ist das Subjekt nicht identisch, kann kein Infinitiv + **zu** stehen.

*Er meint, dass **du** immer Recht hast.*

Zu diesen Verben gehören außerdem: *anbieten, anfangen, aufhören, beabsichtigen, beginnen, sich bemühen, beschließen, denken an, sich entschließen, fürchten, sich gewöhnen an, glauben, hoffen, planen, scheinen, vergessen, sich verlassen auf, versprechen, versuchen, vorhaben, sich weigern*

LEICHT GEMERKT

Ziel des Sprechers bei allen Verben dieser Gruppe:
eine **weitere Handlung des Sprechers**.

b) Einige Verben stehen mit **zu-**Infinitiv, wenn das Objekt (Substantive oder Pronomen im Genitiv, Dativ oder Akkusativ) des Hauptsatzes gleichzeitig das Subjekt des Nebensatzes ist.
*Ich **fordere** dich **auf**, dass du den Müll wegbringst.* ▶ *Ich fordere dich auf, den Müll **wegzubringen**.* (*dich* = Akkusativobjekt im Hauptsatz; *du* = Subjekt im Nebensatz)

*Frau Müller **erlaubt** ihrem Sohn, dass er am Computer spielt.* ▶ *Frau Müller **erlaubt** ihrem Sohn, am Computer **zu spielen**.* (*ihrem Sohn* = Dativobjekt im Hauptsatz; *er* = Subjekt im Nebensatz)

Zu diesen Verben gehören außerdem: *anbieten, befehlen, bitten, bringen zu, einladen, empfehlen, erinnern (an), ermöglichen, gelingen, helfen, leichtfallen, raten, schwerfallen, überreden (zu), verbieten, warnen*

LEICHT GEMERKT

Ziel des Sprechers bei allen Verben dieser Gruppe:
eine **weitere Handlung einer anderen Person**.

zu + Infinitiv bei Verben mit trennbarem Präfix

Zu steht zwischen dem Präfix und dem Infinitiv.

*einschlafen: Ich habe stundenlang versucht ein**zu**schlafen.*

zu + Infinitiv bei Verben mit untrennbarem Präfix

Zu steht vor dem Infinitiv.

*besuchen: Er hat mich eingeladen, ihn **zu** besuchen.*

Adjektive und Partizipien mit *zu* + Infinitiv

Der Kombination aus *sein* (konjugiert) + Adjektiv oder Partizip folgt oft im zweiten Teil des Satzes ein **zu**-Infinitiv.

*interessant: Es ist **interessant**, die Vögel **zu beobachten**.*
*verboten: Es ist **verboten**, den Rasen **zu betreten**.*

Zu diesen Adjektiven und Partizipien gehören außerdem: *bereit sein, entschlossen sein, erlaubt sein, erfreut sein, erstaunt sein, gesund / ungesund sein, gewohnt / ungewohnt sein, gut / schlecht sein, höflich / unhöflich sein, leicht / schwer sein, praktisch / unpraktisch sein, stolz sein, richtig / falsch sein, überzeugt sein, unnötig sein, wichtig / unwichtig sein*

Alle Adjektive und Partizipien dieser Gruppe drücken eine Wertung aus. Dabei gilt:

3. Pers. Sg. Neutrum: *Es ist*	alle anderen Personen
allgemein gültige Wertung	persönliche Wertung einer Person oder Personengruppe

LEICHT GEMERKT

Wendungen mit Substantiven mit *zu* + Infinitiv

*die Lust: Ich habe **Lust**, heute baden **zu gehen**.*
*der Spaß: Es macht keinen **Spaß**, immer zu verlieren.*

Zu diesen Substantiven gehören außerdem: *die Absicht haben, Angst haben, Freude haben, die Gelegenheit haben, Grund haben, die Möglichkeit haben, Mühe haben, das Problem haben, Schwierigkeiten haben, Zeit haben*

Von vielen Verben, die oben aufgezählt sind, lassen sich Substantive ableiten, die mit anderen Verben zu Funktionsverben werden. Auch diese Funktionsverben verbinden sich immer mit **zu** + Infinitiv, z. B.:

entschließen: *Ich habe mich entschlossen aus**zu**wandern.*
▸ *Ich habe den Entschluss gefasst aus**zu**wandern.*

Konjunktionen mit *zu* + Infinitiv

anstatt:
*Er isst, **anstatt** auf seine Diät **zu** achten.*

ohne:
*Er sitzt vor dem Computer, **ohne** sich **zu** bewegen.*

um:
*Ich gehe in die Schule, **um zu** lernen.*

Zur Unterscheidung von **zu** und **um zu**:

zu	um zu
Das Verb davor deutet auf eine weitere Handlung hin.	In dem Verb davor deutet sich keine weitere Handlung an.
Ich habe mich bemüht, alle Regeln zu lernen. (Bemühungen sind immer zielgerichtet.)	*Ich habe stundenlang gelesen, um alle Regeln zu lernen.* (Lesen ist nicht unbedingt zielgerichtet, es kann auch ein Zeitvertreib sein.)

Vor diesen Konjunktionen mit **zu** + Infinitiv steht immer ein Komma!
▸ Konjunktionen, S. 118 ff.

5. Die Bildung der Verbformen

Verben werden konjugiert, d.h. sie erhalten eine Endung um anzuzeigen, wer handelt. Wenn Verben konjugiert werden, entstehen so genannte **finite Verbformen**. ▸ Die finiten Verbformen

Die Endungen werden jeweils an den Verbstamm angehängt. Der **Verbstamm** ist der Infinitiv ohne Endung **-en** bzw. **-n** und ohne Präfix.

Infinitiv	Verbstamm
spielen	spiel
we**ggeh**en	geh

Um alle Verbformen bilden zu können, braucht man insgesamt drei Formen, die **drei Stammformen des Verbs**. Bei der Bildung dieser Formen unterscheidet man zwei große Gruppen: **die regelmäßigen Verben** und **die unregelmäßigen Verben**. Vergleichen Sie:

Stammform des Verbs	regelmäßige Verben	unregelmäßige Verben
1. Infinitiv	machen	helfen
2. Präteritum (3. Pers. Sg. ohne Pronomen)	machte	half
3. Partizip II	gemacht	geholfen

Die 2. und 3. Stammformen finden Sie in jedem Wörterbuch als Eintrag hinter dem Infinitiv! Am besten lernt man sie gleich mit.

▸ Das Präteritum, S. 89, ▸ Das Partizip II, S. 81

Die regelmäßigen Verben

Bei den regelmäßigen Verben verändert sich der Verbstamm nicht. Im Präteritum erhält der Verbstamm die Endung **-te**, beim Partizip die Vorsilbe **ge-** und die Endung **-t**. Diese Verben werden auch **schwache Verben** genannt.

sagen	sag**te**	**ge**sag**t**
wandern	wander**te**	**ge**wander**t**
sammeln	sammel**te**	**ge**sammel**t**

Die unregelmäßigen Verben

Bei unregelmäßigen Verben verändert sich der Stammvokal im Präteritum und teilweise auch im Partizip II. Das Partizip II hat die Endung **-en**. Unregelmäßige Verben werden auch **starke Verben** genannt.

Für die Veränderung des Stammvokals gibt es drei Möglichkeiten:

* Im Infinitiv, Präteritum und Partizip II gibt es drei verschiedene Vokale: *singen – sang – gesungen*

* Im Präteritum und Partizip II sind die Vokale gleich: *riechen – roch – gerochen*

* Im Infinitiv und Partizip II sind die Vokale gleich: *sehen – sah – gesehen*

Unregelmäßige Verben, die besondere Formen bilden:

gehen	*ging*	*gegangen*	stehen	*stand*	*gestanden*
haben	*hatte*	*gehabt*	treffen	*traf*	*getroffen*
nehmen	*nahm*	*genommen*	tun	*tat*	*getan*
sein	*war*	*gewesen*	werden	*wurde*	*geworden*
sitzen	*saß*	*gesessen*	ziehen	*zog*	*gezogen*

Die wichtigsten unregelmäßigen Verben sollten Sie auswendig kennen,
▸ Liste unregelmäßiger Verben, S. 159.

Die Mischverben

Eine kleine Gruppe gemischter Verben wechselt zwar den Stammvokal, hat die Endung der regelmäßigen Verben:

bringen	*brachte*	*gebracht*
kennen	*kannte*	*gekannt*
wissen	*wusste*	*gewusst*

Die Mischverben sind ebenfalls in der Liste unregelmäßiger Verben aufgeführt. ▸ S. 159

6. Die Partizipien

Man unterscheidet das Partizip I (Partizip der Gegenwart) und das
Partizip II (Partizip der Vergangenheit).

Infinitiv	Partizip I	Partizip II
lesen	*lesend*	*gelesen*
einkaufen	*einkaufend*	*eingekauft*

Das Partizip I

Das Partizip I wird mit dem Infinitiv + **-d** gebildet.

*schlafen**d**, spielen**d**, singen**d**, ausgehen**d**, bestehen**d***

Die Verwendung des Partizips I

Das Partizip I kann wie folgt verwendet werden.

a) **als Adjektivn** vor einem Substantiv:
   *Ich sehe den **spielenden** Kindern zu.*
   Deklination wie ein Adjektiv ▸ S. 46 ff.
b) **als Adverb:**
   *Die Kinder saßen **spielend** im Sandkasten.*
   keine Deklination
c) **Das Partizip als Substantiv**:
   der Weinende, ein Weinender, Weinender
   Deklination wie ein Adjektiv ▸ S. 46 ff.

Das Partizip II

Bei der Bildung des Partizips II muss man zwischen regelmäßigen und
unregelmäßigen Verben unterscheiden.

Das Partizip II der regelmäßigen Verben:

Regelfall:	**ge-** + Verbstamm + **-t**	▸ *kochen – **ge**koch**t***
Verben auf **-d / -t**:	**ge-** + Verbstamm + **-et**	▸ *arbeiten – **ge**arbeite**t***
Verben auf **-ieren**:	Verbstamm + **-t**	▸ *reparieren – reparier**t***

Das Partizip II der unregelmäßigen Verben

		ge- + (veränderter + -en Stamm)		
springen:	ge	**sprung**	en	*Er ist ins Wasser **gesprungen**.*
fahren:	ge	**fahr**	en	*Sie ist nach Rügen **gefahren**.*

Das Partizip II der Mischverben

ge- + Stammänderung (unregelm.) + **-t** (regelm.):   *kennen – **gekannt***

Das Partizip der präfigierten Verben

Bei Verben **mit trennbarem Präfix** steht **-ge-** zwischen Präfix und Verb:

*Er hat an**ge**halten. / Er hat sie aus**ge**lacht.*
▸ Verben mit trennbarem Präfix, S. 69

Bei Verben mit untrennbarem Präfix entfällt das **-ge-**:

Sie haben uns besucht. / Er hat den Film verstanden.
▸ Verben mit untrennbarem Präfix, S. 70

Verben mit **zwei Verbzusätzen** bilden das Partizip II ebenfalls ohne -ge-: *vor-be-reitet, miss-ver-standen*

Die Verwendung des Partizips II

Das Partizip II ist eine besonders wichtige Form, da es für die Bildung des Perfekts und des Plusquamperfekts gebraucht wird. Außerdem kann das Partizip II **als Adjektiv vor** einem Substantiv a), als Adverb nach dem Verb b) oder als eigenständiges Substantiv c) stehen.

a) *Die **gewaschene** Wäsche hängt im Garten.* (wie ein Adjektiv dekliniert)
b) *Die Wäsche hängt **gewaschen** im Garten.* (keine Deklination)
c) Das Partizip II **als Substantiv**
   verletzt ▸ *Es gab viele **Verletzte**.* (Deklination wie ein Adjektiv)

7. Die Personalformen des Verbs

Wenn sich das Verb nach Person und Numerus verändert, spricht man von den **finiten Verbformen.** Welche Person spricht, wird durch die Personalform angezeigt.

Die Personalformen im Präsens

Alle Verben haben im Präsens folgende Endungen:

	Singular	Endung	Plural	Endung
1. Person	*ich wohne*	**-e**	*wir wohnen*	**-en**
2. Person	*du wohnst*	**-st**	*ihr wohnt*	**-t**
3. Person	*er/sie/es wohnt*	**-t**	*sie wohnen*	**-en**

Besonderheiten

a) e-Einschub
Endet ein Verbstamm auf **-d** oder **-t** oder auf einen Konsonanten + **-m** oder **-n**, wird in der 2. und 3. Person Singular und in der 2. Person Plural vor der Endung ein **-e** eingefügt:

*re**d**-en:*   *du red**e**st, er red**e**t, ihr red**e**t*
*arbei**t**-en:*   *du arbeit**e**st, er arbeit**e**t, ihr arbeit**e**t*
*bege**gn**-en:*   *du begegn**e**st, er begegn**e**t, ihr begegn**e**t*

Ausnahmen:
a) Bei Verben mit Vokalwechsel (s.u.), deren Stamm auf **-d** oder **-t** endet, schiebt man nur in der 2.Person Plural ein **-e** ein:

    halt-en: *du hältst, er hält, ihr halt**e**t*

b) Steht vor dem **-m** oder **-n** ein **-l, -m, -n** oder **-r**, wird kein **-e** eingeschoben

    lern-en: *du lernst, er lernt, ihr lernt*

b) s-Ausfall
Endet der Stamm auf **-s, -ss, -ß, -x, -tz** oder **-z**, lautet die Endung in der 2. Person Singular nur **-t.**

*fa**x**-en:*	*du fax**t***	*sit**z**-en:*	*du sitz**t***		
*hei**ß**-en:*	*du hei**ß**t*	*wür**z**-en:*	*du würz**t***	*ha**ss**-en:*	*du hass**t***

c) e-Ausfall

Verben, die im Infinitiv auf **-eln** enden, haben in der 1.Person Singular kein **-e** vor der dem **-l**. Außerdem ist wie bei anderen Verben der Infinitiv identisch mit der 1. und 3. Person Plural:

segeln ▶ Stamm: *segel* ▶ *ich segle, wir segeln, sie segeln*
radeln ▶ Stamm: *radel* ▶ *ich radle, wir radeln, sie radeln*

Bei Verben auf **-ern** ist das **-e** in der 1. Person Singular optional:

wandern ▶ Stamm: *wander* ▶ *ich wand(e)re*
bedauern ▶ Stamm: *bedauer* ▶ *ich bedau(e)re*

Verben mit Vokalwechsel

Alle Verben mit Vokalwechsel sind unregelmäßig. Sie haben im Infinitivstamm ein **e**, **a**, **au** oder **o** (*nehmen, fahren, laufen, stoßen*).

So ändert sich der Stammvokal im Präsens:

Stammvokal	Infinitiv	2. Pers. Sg.	3. Pers. Sg.
e ▶ i/ie	*geben* *empfehlen*	*du gibst* *du empfiehlst*	*er gibt* *er empfiehlt*
a ▶ ä	*fahren*	*du fährst*	*er fährt*
au ▶ äu	*laufen*	*du läufst*	*er läuft*
o ▶ ö	*stoßen*	*du stößt*	*er stößt*

Die Konjugation in den anderen Personalformen bleibt regelmäßig.

Weitere häufige unregelmäßige Verben mit Stammvokalwechsel:

e ▶ i/ie: *befehlen, brechen, empfehlen, erschrecken, essen, fressen, geben, helfen, lesen, messen*
a ▶ ä: *backen, blasen, fahren, gefallen, graben, fangen, halten*
au ▶ äu: *saufen*
o ▶ ö: nur Ableitungen des Verbs *stoßen*, z. B. *anstoßen, umstoßen, wegstoßen*

8. Die Tempora

Handlungen / Ereignisse können in verschiedenen Zeiten stattfinden:

in der Gegenwart – es passiert im Moment
in der Vergangenheit – das Geschehen ist vorbei
in der Zukunft – das Geschehen kommt noch

Im Deutschen gibt es sechs verschiedene Tempora.

Vergangenheit			Gegenwart	Zukunft	
Plusquam-perfekt	Präteri-tum	Perfekt	Präsens	Futur I	Futur II
ich hatte gelesen	*ich las*	*ich habe gelesen*	*ich lese*	*ich werde lesen*	*ich werde gelesen haben*

Das Präsens

Das Präsens bezeichnet meist ein Geschehen in der Gegenwart.
Es gibt jedoch einige Möglichkeiten, die Gegenwart zu modifizieren.

Etwas geschieht im Moment.	*Er wäscht gerade das Auto.*
Wiederholte Handlungen	*Ich stehe jeden Morgen um 6 Uhr auf.*
Allgemein Gültiges	*Die Woche hat sieben Tage.*
Historisches Präsens	*1989 fällt die Berliner Mauer.*
Etwas, was früher begann, dauert bis jetzt an.	*Ich lebe seit drei Monaten in Deutschland.*
Zukünftiges Geschehen (v.a. wenn durch den Kontext (z. B. ein Zeitadverb wie **morgen**) klar ist, dass sich die Aussage sich auf die Zukunft bezieht)	*Morgen ziehe ich in die neue Wohnung.*

Die Bildung des Präsens

Die Bildung der Präsensformen der regelmäßigen und unregelmäßigen Verben wird auf den S. 83 bis 84 beschrieben. Hier werden die Präsensformen der Hilfs- und der Modalverben gezeigt.

Das Präsens von *haben*, *sein* und *werden*

	haben	sein	werden
1. Person. Sg.	*ich habe*	*ich bin*	*ich werde*
2. Person. Sg.	*du hast*	*du bist*	*du wirst*
3. Person. Sg.	*er/sie/es hat*	*er/sie/es ist*	*er/sie/es wird*
1. Person. Pl.	*wir haben*	*wir sind*	*wir werden*
2. Person. Pl.	*ihr habt*	*ihr seid*	*ihr werdet*
3. Person. Pl.	*sie/Sie haben*	*sie/Sie sind*	*sie/Sie werden*

Das Präsens der Modalverben

können	wollen	dürfen	sollen	mögen	müssen
ich kann	*ich will*	*ich darf*	*ich soll*	*ich mag*	*ich muss*
du kannst	*du willst*	*du darfst*	*du sollst*	*du magst*	*du musst*
er kann	*er will*	*er darf*	*er soll*	*er mag*	*er muss*
wir können	*wir wollen*	*wir dürfen*	*wir sollen*	*wir mögen*	*wir müssen*
ihr könnt	*ihr wollt*	*ihr dürft*	*ihr sollt*	*ihr mögt*	*ihr müsst*
sie/Sie können	*sie/Sie wollen*	*sie/Sie dürfen*	*sie/Sie sollen*	*sie/Sie mögen*	*sie/Sie müssen*

Das Perfekt

Das Perfekt bezeichnet ein vergangenes Geschehen. Es wird vor allem in der gesprochenen Sprache, aber auch in privater oder halbformeller Schriftsprache benutzt.

Die Bildung des Perfekts

Das Perfekt wird mit **haben** oder **sein** im Präsens und dem Partizip II des Verbs gebildet. (Grundform: **ge-** + Verbstamm + **-t**)

▸ Partizipien, S. 81 ff.

Das Perfekt mit *haben*

Die meisten Verben bilden das Perfekt mit **haben.**

* Verben mit Akkusativobjekt
  *Wann **hast** du dieses Buch **gelesen**?*

* Verben ohne Objekt
  *Ich **habe** geduscht. Es **hat** geregnet.*

* reflexive Verben
  *Er **hat** sich sehr **geschämt**.*

Das Perfekt mit *sein*

Folgende Verben bilden das Perfekt mit **sein**:

* Verben der Orts- und Zustandsveränderung:
  *Das Kind **ist aufgestanden** und **weggelaufen**.*

* Die Verben **sein**, **bleiben** und **werden** (meist eher Präteritum)
  *Wo **bist** du **gewesen**?*

Manche Verben können das Perfekt mit **sein** und **haben** bilden.
*Ich **bin** nach München gefahren.* (Verb der Bewegung)
*Ich **habe** Maria nach München gefahren.* (Verb mit Objekt)

Alle Verben, die das Perfekt mit **sein** bilden, sind unregelmäßig. In der
Liste (▸ S. 159 f.) steht vor dem Partizip der Hinweis „**ist**".

Das Perfekt der Modalverben

Das Perfekt der Modalverben wird mit **haben** gebildet. Es wird selten
benutzt. Gebräuchlicher ist das Präteritum. ▸ S. 89 f.
Bei den Modalverben stehen zwei verschiedene Perfektformen zur
Wahl – je nachdem ob das Modalverb als einziges Verb im Satz steht
oder nicht:

Satzstruktur	Modalverb + Vollverb	nur Modalverb
Beispiel	*Ich **habe** gestern nicht **fernsehen können**.*	*Ich **habe** gestern nicht **gekonnt**.*
Regel	*haben* + Vollverb im Inf. + Modalverb im Inf.	*haben* + Modalverb im Partizip II

In der Liste der unregelmäßigen Verben sind beide Formen vermerkt!

Das Perfekt der mehrteiligen Verben

Sie bilden das Perfekt wie alle Vollverben mit **haben** oder **sein** und mit
dem Partizip II. Das zweite Vollverb bleibt im Infinitiv erhalten:

Präsens: *Bei dem schönen Wetter gehen wir spazieren.*
Perfekt: *Bei dem schönen Wetter **sind** wir heute **spazieren gegangen**.*

Allerdings gibt es folgende Ausnahmen: Bei den Verben **hören**, **sehen**
und **lassen** steht anstelle des Partizips der Infinitiv.

hören – *Ich habe den Jungen singen **hören**.* (**nicht**: *gehört*)
sehen – *Das habe ich kommen **sehen**.* (**nicht**: *gesehen*)
lassen – *Er hat das Haus wieder aufbauen **lassen**.* (**nicht**: *gelassen*)

LEICHT GEMERKT

Modalverben (= MV) und mehrteilige Verben (= MTV) stehen mit
einem Vollverb (=VV) im Infinitiv. Sie bilden das Perfekt wie folgt:

Verbgruppe	Regel	Beispiel
MV *hören,* *sehen,* *lassen*	*haben* + VV im Inf. + MV / hören, sehen, lassen im Inf.	*Er hat nicht arbeiten* **wollen**. *Ich habe ihn kommen* **hören**.
alle anderen MTV MV als Vollverb	*haben / sein* + VV im Inf. + MTV / MV als Voll- verb im Part. II	*Ich bin spazieren* **gegangen**. *Das habe ich nicht* **gewollt**.

Das Perfekt von Verben mit Präfix

Bei diesen Verben muss man zwischen trennbaren und untrennbaren
Präfixen unterscheiden.

trennbares Präfix	untrennbares Präfix
-ge- zwischen Präfix und Verb	ohne **-ge-**
*Er hat zu**ge**hört.* *Sie ist nicht weg**ge**laufen.*	*Wir haben Prag **be**sucht.* *Die Sängerin hat sich sehr **er**schreckt.*

Das Präteritum

Das Präteritum beschreibt ein abgeschlossenes vergangenes Geschehen. Man verwendet es besonders in der Schriftsprache.

*Eine arme Witwe **lebte** einsam in einer Hütte.* (Märchen, Literatur)
*Die Polizei **fasste** den Täter noch am selben Tag.* (Zeitung)

In der gesprochenen Sprache verwendet man das Präteritum von folgenden Verben:

* *sein, haben, werden*
* Modalverben
* *es gibt, wissen*

*Letzte Woche **war** ich in der Stadt. **Es gab** einiges zu erledigen, weil meine Mutter Geburtstag **hatte**. Sie **wurde** 50. Ich **wollte** ihr Pralinen kaufen, ich **wusste** ja, dass sie die **mochte**.*

Die Bildung des Präteritums

Bei der Bildung des Präteritums wird zwischen regelmäßigen und unregelmäßigen Verben unterschieden.

Das Präteritum der regelmäßigen Verben:
Verbstamm + **-t** + Personalendung. (Ausnahme: 3. Pers. Sg.: **-e**, **e**-Einschub wie beim Präsens, ▸ S. 83/84.

Das Präteritum der unregelmäßigen Verben :
2. Stammform + Personalendung (Ausnahme: 1. + 3. Pers. Sg. sind endungslos!) ▸ Liste der unregelmäßigen Verben, S. 159 ff.

Das Präteritum der Mischverben:
2. Stammform + Personalendung

regelmäßige Verben		unregelmäßige Verben	Mischverben*
wohnen	*reden*	*gehen*	*bringen*
*ich wohn**te***	*ich red**ete***	*ich ging*	*ich brachte*
*du wohn**test***	*du red**etest***	*du gingst*	*du brachtest*
*er wohn**te***	*er red**ete***	*er ging*	*er brachte*
*wir wohn**ten***	*wir red**eten***	*wir gingen*	*wir brachten*
*ihr wohn**tet***	*ihr red**etet***	*ihr gingt*	*ihr brachtet*
*sie/Sie wohn**ten***	*sie/Sie red**eten***	*sie/Sie gingen*	*sie/Sie brachten*

* Endungen = regelmäßig, Änderung des Stamm(vokal)s = unregelmäßig

Das Präteritum von *haben, sein* und *werden*

	haben	sein	werden
ich	hatte	war	wurde
du	hattest	warst	wurdest
er	hatte	war	wurde
wir	hatten	waren	wurden
ihr	hattet	wart	wurdet
sie/Sie	hatten	waren	wurden

Das Präteritum der Modalverben

Die Modalverben ***können, wollen, müssen, dürfen, sollen, mögen*** bilden
das Präteritum wie die regelmäßigen Verben. Nur entfällt der Umlaut.

	können	wollen	müssen	dürfen	sollen	mögen
ich	konnte	wollte	musste	durfte	sollte	mochte
du	konntest	wolltest	musstest	durftest	solltest	mochtest
er/sie/es	konnte	wollte	musste	durfte	sollte	mochte
wir	konnten	wollten	mussten	durften	sollten	mochten
ihr	konntet	wolltet	musstet	durftet	solltet	mochtet
sie/Sie	konnten	wollten	mussten	durften	sollten	mochten

Das Plusquamperfekt

Das Plusquamperfekt bezeichnet die Vorzeitigkeit zum Präteritum
oder Perfekt. Es steht nie allein, sondern immer im Zusammenhang mit
anderen Handlungen, die danach passiert sind.

Vorzeitigkeit zur Vergangenheit   Vergangenheit

Plusquamperfekt	←	Präteritum

*Als wir unser Training **beendet hatten**, gingen wir noch in eine Kneipe.*
*Wir **hatten** alles für die Gartenparty **vorbereitet**, als das Gewitter begann.*

Nach ***nachdem, bevor*** und ***(nie) zuvor*** steht meist ein Plusquamperfekt.

Ansonsten wird durch das Plusquamperfekt häufig ein Rückblick eingeleitet:

*Wieder kam es zu Protesten. Bereits im vergangenen Jahr **waren** Hunderte*
*auf die Straße **gegangen** und **hatten** gegen das Gesetz **demonstriert**.*

Die Bildung des Plusquamperfekts

Das Plusquamperfekt wird mit dem Präteritum von **haben** oder **sein** + Partizip II gebildet. Für die Wahl des jeweils passenden Hilfsverbs gelten dieselben Regeln wie beim Perfekt. ► Vgl. Das Perfekt, S. 87 f.

Präteritum von **haben** oder **sein**	Partizip II
Sie **hatten** *(in der Schule)*	**gewartet.**
Sie **waren** *(in den Supermarkt)*	**gegangen.**

Das Futur I

Das Futur I bezeichnet ein Geschehen in der Zukunft:

Morgen **werde** *ich endlich die Fenster* **putzen.**

Wenn der Zukunftsbezug durch den Kontext – z. B. ein Zeitadverb – klar ist, wird jedoch meist das Präsens verwendet!

Morgen **habe** *ich leider keine Zeit.*

Durch das Futur I, kommt immer ein modaler Aspekt zum Ausdruck:

a) eine Prognose: *In fünfzig Jahren* **wird** *es keine Faxe mehr* **geben.**
b) ein Versprechen: *Wir* **werden** *euch nie* **vergessen.**
c) ein fester Vorsatz: *Morgen* **werde** *ich endlich die Fenster* **putzen.** (s.o.)
d) eine Vermutung: *Ulli ist nicht da. Er* **wird** *krank* **sein.**
e) ein drohender Befehl: *Kein Wort* **wirst** *du ihm davon* **sagen!**

Die Bildung des Futurs I

Das Futur I wird mit einer Präsensform von **werden** + Infinitiv gebildet.

ich werde schwimmen	*wir werden schwimmen*
du wirst schwimmen	*ihr werdet schwimmen*
er/sie/es wird schwimmen	*sie/Sie werden schwimmen*

So drücken Sie den Zukunftsbezug aus:

1. Sie sind sich sicher (meistens): Präsens
2. Sie sind sich nicht sicher (selten): Futur I

LEICHT GEMERKT

Das Futur II

Das Futur II bezeichnet ein Geschehen in der Zukunft, das noch vor einem anderen Geschehen in der Zukunft stattfindet und als abgeschlossen betrachtet wird. Es kommt selten vor.

Gegenwart	Zukunft	Zukunft ▶
Präsens *Ich packe gerade meine Koffer.*	Futur II *Ich **werde** bereits die Koffer **gepackt haben**,*	Futur I *wenn du nach Hause kommen wirst.*

Meist verwendet man statt des Futur II das Perfekt und statt des Futur I das Präsens.

Ich habe bereits die Koffer gepackt, wenn du nach Hause kommst.

Mit dem Futur II kann man außerdem eine Vermutung über ein vergangenes Geschehen ausdrücken.

*Nach dem letzten Gespräch **wird** er seine Haltung **geändert haben**.*

(Ich vermute, dass er inzwischen seine Haltung geändert hat.)

Die Bildung des Futurs II

eine Personalform von *werden* im Präsens	Partizip II des Vollverbs	Infinitiv von *haben* oder *sein*
*Er **wird** den Zug* *Wir **werden** morgen um diese Zeit*	***verpasst*** ***angekommen***	***haben.*** ***sein.***

LEICHT GEMERKT

Das Futur II drückt Folgendes aus:

1. (meistens): Vermutung über Vergangenes.

2. (seltener): sichere Voraussage über die Zukunft in Relation zu einer anderen zukünftigen Handlung, meist Ersatz durch Perfekt.

9. Die Modi

Mit einer Aussage verbindet der Sprecher in der Regel eine Absicht.
Je nach Redeabsicht wird ein unterschiedlicher Modus verwendet.
Vergleichen Sie:

* Indikativ zum Ausdruck von etwas Konkretem und Realem:
  *Er **ist** krank.*

* Konjunktiv I zur Wiedergabe von etwas Gehörtem oder Gesehenem:
  *Er sagte, er **sei** krank.*

* Konjunktiv II zum Ausdruck eines Wunsches:
  *Er **wäre** gern wieder gesund.*

* Imperativ zum Ausdruck einer Aufforderung:
  ***Sei** vernünftig und **geh** zum Arzt.*

Die Haltung des Sprechers kann auch durch den Gebrauch von Modal-
verben deutlich werden. ▸ S. 72 ff.

*Er **möchte** wieder gesund sein.*   （Wunsch）

Der Indikativ

Dieser Modus wird auch **Wirklichkeitsform** genannt. Der Indikativ
drückt aus, was ist, was geschehen ist oder was noch geschehen wird.

*Wir **haben** uns gestern ein Motorrad **gemietet**.*

Alle bisher behandelten Formen sind Indikativformen.
▸ Die Tempora, S. 85

Die Konjunktive

Die Konjunktive I und II haben die Aufgabe, **Formen der Möglichkeit**
auszudrücken.

Der Konjunktiv I

Der Konjunktiv I ist typisch für die indirekte Rede. Der Sprecher zeigt
durch die Verwendung des Konjunktivs, dass er die Rede eines anderen
wiedergibt.

Der Pfarrer erzählt in der **direkten Rede** gegenüber einem Reporter:	Der Reporter berichtet am nächsten Tag im Fernsehen von seinem Gespräch mit dem Pfarrer. Er benutzt die **indirekte Rede:**
Pfarrer: „<u>Mein Gott</u>, der Sturm hat <u>heute Nacht</u> das Dach <u>unserer</u> Kirche **zerstört!**"	<u>Der Pfarrer erzählte</u>, dass der Sturm <u>gestern Nacht</u> das Dach der Kirche <u>seiner Gemeinde</u> **zerstört habe.**
Als Pfarrer <u>dieser</u> Gemeinde **werde** <u>ich hier an Ort und Stelle</u> für <u>morgen</u> eine Krisensitzung <u>unseres</u> Gemeinderates **einberufen**.	Als Pfarrer <u>der betroffenen</u> Gemeinde **werde** <u>er direkt vor Ort</u> für <u>heute</u> eine Krisensitzung des <u>zuständigen</u> Gemeinderates **einberufen**.

In der indirekten Rede entfallen Ausrufe, Anführungs-, Ruf-, und Fragezeichen. Der Doppelpunkt wird durch eine Komma ersetzt. In einem einleitenden Satz muss deutlich werden, wer spricht.
Da es in der indirekten Rede zu einem Perspektivwechsel kommt, ändern sich häufig Pronomen, Zeit- und Ortsadverbien.

Bei Anleitungen liest man manchmal auch den Konjunktiv I, zum Beispiel

- in älteren Koch- und Backbüchern:
  Man **nehme** *drei Eier und* **schlage** *sie in eine Schüssel.*

- auf Packungsbeilagen von Medikamenten:
  Man **nehme** *täglich drei Tropfen.*

- oder in rhetorischen und religiösen Aussagen voller Pathos:
  Es **lebe** *der König!*
  Wer ohne Sünde ist, der **werfe** *den ersten Stein.*

Der Konjunktiv I wird hauptsächlich in Texten verwendet. In der Umgangssprache bevorzugt man

- den **Konjunktiv II**, wenn das einleitende Verb in der Vergangenheit steht und die Aussage als nicht gesichert eingestuft wird.
  Die Politiker haben versprochen, dass **sich** *die Wirtschaft bald* **erholen würde.**

- das **Präsens**, wenn das einleitende Verb in der Gegenwart steht und die Aussage als gesichert eingestuft wird.
  Die Politiker versprechen, *dass* **sich** *die Wirtschaft bald* **erholt.**

Die Tempora der indirekten Rede

Bei der indirekten Rede gibt es immer einen übergeordneten Satz, in dem die sprechende Person genannt wird. Sie kann in allen sechs Tempora im Indikativ stehen. Im zweiten Teil des Satzes erfährt man dann, was passiert ist. An der Wahl des Tempus im zweiten Satzteil kann der Hörer erkennen, wann das Geschehen stattfindet.

- **Konjunktiv I der Vorzeitigkeit**: Das Geschehen hat bereits stattgefunden.

- **Konjunktiv I der Gegenwart**: Das Geschehen findet im Moment des Sprechens statt. (gleichzeitig)

- **Konjunktiv I der Zukunft**: Das Geschehen findet später statt.

übergeordneter Satz: Indikativ	untergeordneter Satz: Konjunktiv I
Der Pfarrer erzählt / erzählte / hat erzählt, ... *Das Kind sagt / sagte / hat gesagt, ...* *Die Politiker versprachen, ...*	*dass der Sturm das Dach der Kirche* ***zerstört habe.*** *(Vergangenheit)* *es* ***habe*** *Bauchschmerzen. (Gegenwart)* *dass sich die Wirtschaft bald* ***erholen werde.*** *(Zukunft)*

Die Bildung der Gegenwartsformen des Konjunktivs I

Die Gegenwartsformen werden vom Infinitiv des Verbs abgeleitet.

 Typisch sind die Endung **-e** in der 3. Person Singular sowie der **e**-Einschub in der 2. Person Singular und Plural. Der Vokal ändert sich nicht.

Indikativ Präsens regelmäßige Verben	typische Endung	Konjunktiv I	typische Endung
ich lese	-e	*ich lese*	-e
du liest	-st	*du lesest*	**-est**
er liest	-t	*er lese*	**-e**
wir lesen	-en	*wir lesen*	-en
ihr lest	-t	*ihr leset*	**-et**
sie lesen	-en	*sie lesen*	-en

Die anderen Formen des Konjunktiv I (1. Pers. Sg., 1. + 3. Pers. Pl.) lassen sich von den Formen des Indikativ Präsens nicht unterscheiden. In diesen Fällen benutzt man als Ersatz den Konjunktiv II. (ich läse; wir / sie läsen).
▶ Der Konjunktiv II, S. 98

Hilfsverben, Modalverben und unregelmäßige Verben im Konjunktiv I

Bei den Hilfsverben, den Modalverben und den regelmäßigen Verben bzw. Mischformen gibt es noch mehr eindeutige Konjunktiv I-Formen (siehe die blau markierten Wörter). Alle anderen Formen werden meistens durch den Konjunktiv II ersetzt (ich hätte / würde / ließe, wir / sie hätten / würden ...)
▶ Der Konjunktiv II, S. 98.

	Hilfsverben			Modalverben			Unregelmä-ßige Verben	
	sein	*haben*	*werden*	*müssen*	*wollen*	*können*	*lassen*	*wissen*
ich	sei	habe	werde	müsse	wolle	könne	lasse	wisse
du	seist	habest	werdest	müssest	wollest	könnest	lassest	wissest
er/sie/es	sei	habe	werde	müsse	wolle	könne	lasse	wisse
wir	seien	haben	werden	müssen	wollen	können	lassen	wissen
ihr	seiet	habet	werdet	müsset	wollet	könnet	lasset	wisset
sie/Sie	seien	haben	werden	müssen	wollen	können	lassen	wissen

Die Bildung der Vergangenheits- und Zukunftsformen des Konjunktivs I

Die Vergangenheitsformen des Konjunktiv I

Sie werden mit dem Konjunktiv I von **haben** oder **sein** (▶ S. 96) + Partizip II des (▶ S. 81) Vollverbs gebildet.

*Der Bäcker sagte, er **sei** so spät **gekommen** und **habe** deshalb heute keine Brötchen **gebacken**.*

In der 1. Person Singular sowie in der 1. und 3. Person Plural benutzt man statt des Konjunktivs I den Konjunktiv II von **haben**, weil die Konjunktivformen sich von den Indikativformen nicht unterscheidet. Die Formen von **sein** sind alle eindeutig und müssen deshalb nicht ersetzt werden.

*Frau Müller hat erzählt, dass ihre Nachbarn Zwillinge bekommen **hätten**.*

Die Zukunftsformen des Konjunktiv I

Sie werden mit dem Konjunktiv I von **werden** (▸ S. 96) + Infinitiv des Vollverbs gebildet.

*Die Kollegin sagte, sie **werde** morgen pünktlich **sein**.*

In der 1. Person Singular sowie in den Pluralformen verwendet man jedoch den Konjunktiv II von **werden**, da die Formen des Konjunktivs I Futur sich nicht von den Indikativformen unterscheiden.

*Die Meteorologen sagen, dass die Stürme in den kommenden Tagen zunehmen **würden**.*

Der Gebrauch des Konjunktiv I in der indirekten Frage

Fragesätze ohne Fragewort werden in der indirekten Rede durch **ob** eingeleitet. In Fragesätzen mit Fragewort wird das Fragewort in die indirekte Rede übernommen. (Für die Bildung des Konjunktiv I s. o.).

Der Pfarrer fragt seine Sekretärin: *„Haben Sie schon den Bürgermeister über den Schaden informiert? **Wann** <u>hätte</u> er denn Zeit?"* Die Sekretärin antwortete: *„<u>Nein</u>."*

So könnte der Bericht weitergehen: *Der Pfarrer fragte die Sekretärin, **ob** sie schon den Bürgermeister über den Schaden informiert habe. Er erkundigte sich auch, ob sie schon wisse, wann der Bürgermeister Zeit <u>hätte</u>. Die Sekretärin <u>verneinte dies</u>.*

 Ein Konjunktiv II in der direkten Rede wird in die indirekte Rede übernommen. Kurze Antworten können in der indirekten Rede durch Verben umschrieben werden (verneinen, bejahen).

Der Imperativ in der indirekten Rede

Der Imperativ in der indirekten Rede wird durch Modalverben wiedergegeben. Für Aufforderungen oder Befehle verwendet man **sollen**, für höfliche Bitten benutzt man **mögen**.

Daraufhin beauftragte der Pfarrer die Sekretärin: *„**Benachrichtigen Sie** sofort den Bürgermeister. Am besten **rufen Sie** auch gleich die Gemeinderatsmitglieder **an**."*

*Der Pfarrer sagte der Sekretärin, sie **solle** sofort den Bürgermeister **benachrichtigen**. Außerdem **möge** sie auch gleich die Gemeinderatsmitglieder **anrufen**.*

Der Konjunktiv II

Mit dem Konjunktiv II kann man folgendes ausdrücken:

- **irreale Hypothesen**, meist mit *wenn*
  *Wenn ich viel Geld **hätte**, würde ich nicht mehr arbeiten.*

- einen **höflichen Wunsch**
  *Ich **hätte** gern noch eine Tasse Kaffee.*

- **irreale Wünsche**
  *Wenn ich nur einen Freund **hätte**!*

- **einen Rat**
  *Du **solltest** mehr auf deine Figur **achten**.*

- **einen Vorschlag**
  *Wir **könnten** dieses Jahr doch mal in Italien Urlaub **machen**.*

- **eine subjektive Meinung**
  *Ich **könnte** mir gut **vorstellen**, dass es dir in Italien gefällt.*

- **Irreale Vergleiche**, meist mit *als ob / als wenn*
  *Sie tat so, als ob sie nichts **wüsste**.*

Man verwendet den Konjunktiv II auch in der **indirekten Rede**, wenn die Formen von Indikativ und Konjunktiv I sich nicht voneinander unterscheiden, damit es keine Missverständnisse gibt:

Konjunktiv I/Indikativ: *Der Lehrer sagte, die Kinder **sollen** zuhören.*
▶ Konjunktiv II: *Der Lehrer sagte, die Kinder **sollten** zuhören.*

Die Bildung der Gegenwartsformen des Konjunktivs II

Bei der Bildung der Gegenwartsformen des Konjunktivs II muss man zwischen regelmäßigen und unregelmäßigen Verben unterscheiden.

Die Formenbildung bei regelmäßigen Verben

Bei den regelmäßigen Verben entsprechen die Gegenwartsformen des Konjunktiv II den Indikativformen des Präteritums: (▶ S. 89 f.)

Gegenwartsformen des Konjunktiv II = Indikativformen des Präteritum!					
ich **wohnte**	*du* **wohntest**	*er, sie, es* **wohnte**	*wir* **wohnten**	*ihr* **wohntet**	*sie* **wohnten**

*wohnen: Ich **wohnte** hier gerne, wenn es nicht so teuer wäre.*
*arbeiten: Wenn er nicht so viel **arbeitete**, hätte er mehr Zeit.*

Deshalb verwendet man anstelle der regelmäßigen Gegenwartsformen des Konjunktiv II in der gesprochenen Sprache **würde** + **Infinitiv**.

*wohnen: Ich **würde** hier gern wohnen, wenn es nicht so teuer wäre.*
*arbeiten: Wenn er nicht so viel arbeiten **würde**, hätte er mehr Zeit.*

Die Formenbildung bei unregelmäßigen Verben

Bildung: Stamm des Präteritums + Endungen des Konjunktivs I. Die Vokale **a, o, u** werden zu **ä, ö, ü**.

	kommen / kam	ziehen / zog	tragen / trug	rufen / rief	typische Endung
	a ▶ ä	o ▶ ö	u ▶ ü		
ich	*käme*	*zöge*	*trüge*	*riefe*	-e
du	*kämest*	*zögest*	*trügest*	*riefest*	-est
er, sie, es	*käme*	*zöge*	*trüge*	*riefe*	-e
wir	*kämen*	*zögen*	*trügen*	*riefen*	-en
ihr	*kämet*	*zöget*	*trüget*	*riefet*	-et
sie / Sie	*kämen*	*zögen*	*trügen*	*riefen*	-en

*Wir waren der Meinung, er **verlöre** den Prozess.*

Viele Formen gelten heute als veraltet (z. B. *träte, grübe*). Sie werden deshalb in der gesprochenen Sprache durch die **würde**-Formen ersetzt.

Die Formenbildung bei Hilfs- und Modalverben

Bildung: wie bei unregelmäßigen Verben: Stamm des Präteritums + Endungen des Konjunktiv I, Vokalwechsel außer bei sollen.

	ich	du	er, sie, es	wir	ihr	sie
haben	*hätte*	*hättest*	*hätte*	*hätten*	*hättet*	*hätten*
sein	*wäre*	*wär(e)st*	*wäre*	*wären*	*wäret*	*wären*
werden	*würde*	*würdest*	*würde*	*würden*	*würdet*	*würden*
dürfen	*dürfte*	*dürfest*	*dürfte*	*dürften*	*dürftet*	*dürften*
müssen	*müsste*	*müsstest*	*müsste*	*müssten*	*müsstet*	*müssten*

können	könnte	könntest	könnte	könnten	könntet	könnten
sollen	sollte	solltest	sollte	sollten	solltet	sollten

Diese Formen werden nie ersetzt. Auch bei den Formen von sollen, die als einzige nicht eindeutig sind, geht meist durch den Gegenwartsbezug hervor, dass es sich um einen Konjunktiv II handeln muss:

*Wir **sollten** jetzt wirklich **gehen**.* (= Vorschlag im Konjunktiv II)

Besondere Formenbildung

Bei einigen unregelmäßigen Verben und Mischformen stimmt der Vokal im Konjunktiv II nicht mit dem Vokal im Präteritum überein.

Infinitiv	Präteritum	Konjunktiv II
helfen	half	ich hülfe
werfen	warf	ich würfe
stehen	stand	ich stünde
sterben	starb	ich stürbe
nennen	nannte	ich nennte
beginnen	begann	ich begänne / begönne (selten)
gewinnen	gewann	ich gewänne / gewönne

Diese Formen werden in der Umgangssprache immer durch die Ersatzform **würde** + Infinitiv ersetzt. In der Schriftsprache sind sie jedoch teilweise noch anzutreffen.

Die Bildung der Vergangenheitsformen des Konjunktiv II

Im Konjunktiv II gibt es nur eine Vergangenheitsform. Sie wird mit dem Konjunktiv II von **haben** und **sein** + Partizip II des Verbs gebildet.

*Ich **wäre** glücklich **gewesen**, wenn er mich **besucht hätte**.*

Es gelten folgende Ersetzungsregeln:
Sind die Formen des **Konjunktiv I eindeutig**?

ja		nein	
2. Pers. Sg. 3. Pers. Sg. 2. Pers. Pl.	alle Verben, alle Zeiten	1. Pers. Pl. 3. Pers. Pl.	alle Verben, alle Zeiten
1. Pers. Sg.	Modalverben, Hilfs- verben, unregelmäßige Verben und Mischverben	1. Pers. Sg.	regelmäßige Verben
Konjunktiv I		**Konjunktiv II**	

Wenn der Konjunktiv II gewählt werden muss, ist auch noch die folgende Tabelle zu beachten:
Sind die Formen des **Konjunktiv II eindeutig**?

ja		nein
• unregelmäßige Verben • Hilfs- und Modalverben		regelmäßige Verben
Sind die Konjunktiv II-Formen sehr **selten** oder gelten sie als **veraltet**?		
nein	**ja**	
• Hilfs- und Modalverben • die meisten unregel- mäßigen Verben	einige unregelmäßige Verben	
Konjunktiv II	Ersatzform mit *würde* + Infinitiv	

Der Imperativ

Der Imperativ ist die Form für Befehle und Bitten oder Wünsche.

Sitz!	(Befehl)
Komm bitte her!	(Bitte)
Hör doch mit dem Rauchen auf!	(Rat)
Komm gut nach Hause!	(Wunsch)

Die Redeabsicht wird oft nur durch die Intonation und die Verwendung von Partikeln, zum Beispiel (***doch, mal, bitte ...***) deutlich:
Befehl: *Komm her!* – **Bitte:** *Komm **doch** bitte **mal** her.*

Die Bildung des Imperativs

Es gibt drei Formen des Imperativs:

Person	Imperativ
2. Person Singular	***Schreib** mir mal!*
2. Person Plural	***Lauft** doch schneller!*
höfliche Anrede (Sie)	***Kommen Sie!***

Imperativ 2. Person Singular

Präsensstamm ohne ***du***; man kann ein **-e** anhängen: ***Höre!** – **Hör!***

Das **Endungs-e** ist in folgenden Fällen **obligatorisch**:

1. Stamm auf **-d**:   *send-en* ▶ *sende!*
2. Stamm auf **-t**:   *wart-en* ▶ *warte!*
3. Stamm auf **-ig**:   *beleidig-en* ▶ *beleidige!*
4. Stamm auf **-m**:   *atm-en* ▶ *atme!*
5. Stamm auf **-n**:   *rechn-en* ▶ *rechne!*
6. Endung **-ern**:   *trau-ern* ▶ *trau(e)re!**
7. Endung **-eln**:   *läch-eln* ▶ *läch(e)le!**
* Das **-e-** in der vorletzten Silbe kann entfallen!

Für alle anderen Verben gilt: Imperativformen mit Endungs-**e** gehören dem gehobenen Sprachstil an. In der Umgangssprache verwendet man die Imperativformen ohne Endungs-**e**.

Am besten prägen Sie sich diese Regel mit einem Merkspruch ein.
***D**ein **t**rauriger **Ig**el **m**öchte **n**icht **m**ehr **trauern**, sondern **lächeln**.*

Die **Stammvokaländerung e ▸ i/ie** wie beim Präsens Indikativ gilt auch hier: **h**e**lfen – _Hilf mir!_, l**e**sen – l**ie**s!**

Die anderen Stammvokaländerungen werden **nicht** in den Imperativ übernommen:

a ▸ ä:	_fahren, du fährst,_	aber: _F**a**hr!_
o ▸ ö:	_stoßen, du stößt,_	aber: _St**o**ß!_
au ▸ äu:	_laufen, du läufst,_	aber: _L**au**f!_

Auch Deutsche machen hier manchmal Fehler (**_Ess!_, _Helf!_**). Korrekt heißt es: **_Iss!_, _Hilf!_**

Imperativ 2. Person Plural

entspricht der 2. Person Plural Präsens ohne das Pronomen **_ihr_**:

Geht! Atmet! Rennt! Wandert! Sammelt!

Imperativ der höflichen Anrede mit _Sie_

entspricht der 3. Person Plural Präsens, das Pronomen **_Sie_** steht dahinter:

Kommen Sie! Gehen Sie! Wandern Sie! Atmen Sie! Rennen Sie!

Besondere Imperativformen von **_haben, sein, werden_**:

	_du_	_ihr_	_Sie_
haben	**_Hab_** Geduld!	(Aber regelmäßig: **_Habt_** Geduld!)	(Aber regelmäßig: **_Haben Sie_** Geduld!)
sein	**_Sei_** nicht so laut!	**_Seid_** nicht so laut!	**_Seien Sie_** bitte nicht so laut!
werden	**_Werd(e)_** glücklich!	(Aber regelmäßig: **_Werdet_** glücklich!)	(Aber regelmäßig: **_Werden Sie_** glücklich!)

Der Imperativ bei Verben mit trennbarem Präfix:

abwaschen – **_Wasch_** _jetzt bitte_ **_ab!_**   _weggehen –_ **_Geh weg!_**
Das Präfix steht am Ende des Satzes.

Aufforderungen, Ratschläge usw. können auch mit anderen grammatischen Mitteln wie Infinitiven oder Modalverben ausgedrückt werden.

Infinitiv: _Bitte alle Fenster_ **_schließen!_** _Bitte alle mal_ **_zuhören!_**
Modalverb: _Du_ **_sollst_** _jetzt still sein. Ihr_ **_müsst_** _jetzt gehen._

10. Das Passiv

Ein Geschehen kann aus zwei Perspektiven betrachtet werden:

Das Aktiv: *Ich gieße die Blumen.*
Das Passiv: *Die Blumen werden gegossen.*

Beim **Aktiv** steht die handelnde Person im Mittelpunkt, beim **Passiv** der Vorgang selbst. Da die Person nicht wichtig oder bekannt ist, muss sie auch nicht genannt werden. Soll eine handelnde Person genannt werden, steht sie im Passivsatz in Verbindung mit der Präposition *von* (+ Dat.) oder *durch* (+ Akk.).

Von wird benutzt, wenn eine Handlung
- von einer Person direkt und mit voller Absicht durchgeführt wurde.

- einzig durch andere Einflüsse bedingt ist.

Durch hingegen steht, wenn eine Handlung
- von einer Personengruppe nur als Mittler oder eher zufällig herbeigeführt wurde.

Vergleichen Sie:

*Der Reporter wurde **von** den Fans aufgehalten.*
(= Die Fans wollten den Reporter nicht weitergehen lassen, weil sie z.B. etwas fragen wollten oder mit dem, was der Reporter weitergegeben hat, nicht einverstanden waren)

*Der Reporter wurde **durch** die Fans aufgehalten.*
(= Die Fans hatten nicht die Absicht, den Reporter aufzuhalten. Aber sie waren einfach so zahlreich, dass der Reporter nicht durchkommen konnte.)

*Diese Nachricht wurde ihm **von** der zuständigen Behörde übermittelt.*
(= Die Behörde war der Verfasser der Nachricht.)

*Diese Nachricht wurde ihm **durch** die die zuständige Behörde übermittelt.*
(= Die Behörde hat die Nachricht nur weitergegeben.)

*Der Mann wurde **vom** Blitz erschlagen.*

Auch Sätze mit unpersönlichem *es* als Subjektersatz können im Passiv vorkommen. ▸ Kapitel 3, es als Platzhalter, ▸ S. 29.

***Es** muss auch noch aufgeräumt werden.*

Es steht auch dann am Satzanfang, wenn das Subjekt des Passivsatzes ein Substantiv mit unbestimmten Artikel oder Indefinitpronomen oder ein Substantiv im Plural ohne Artikel ist, da unbestimmte Angaben aus stilistischen Gründen lieber weiter hinten im Satz platziert werden. Vergleichen Sie:

Es wurden Nachbarn, Freunde und Verwandte eingeladen.

Wann immer es möglich ist, wird in Passivsätzen die Variante mit dem *es* am Satzanfang durch Umstellung vermieden:

es am Satzanfang	es am Satzanfang durch Umstellung vermieden
Es wurden Nachbarn, Freunde und Verwandte eingeladen.	*Zu dem Fest wurden Nachbarn, Freunde und Verwandet eingeladen.* *Eingeladen wurden Nachbarn, Freunde und Verwandte.*
Es wurde viel gelacht.	*An dem Abend wurde viel gelacht.*

Das Passiv findet man vor allem in Sach- und Fachtexten. Sätze mit dem Pronomen *man* können einen Passivsatz ersetzen.

Hier wird ein neues Haus gebaut.
▶ *Man baut hier ein neues Haus.*

Die Bildung des Passivs

Die meisten transitiven Verben können das Passiv bilden.

*Der Monteur **repariert** die Waschmaschine.*
*Die Waschmaschine **wird** vom Monteur **repariert**.*

Die Indikativformen des Passivs

Passivkonstruktionen bestehen immer aus zwei Teilen.

1. dem finiten Teil = einer konjugierten Form des Hilfsverbs **werden** oder **sein**. Wenn der Ablauf der Handlung wichtig ist, wird **werden** verwendet (Vorgangspassiv). Ist hingegen das Ergebnis der Handlung wichtig, wird **sein** verwendet (Zustandspassiv).

2. dem unveränderlichen Teil = dem Partizip II (in den zusammenge-
   setzten Zeiten direkt nach dem finiten Teil)

	Vorgangspassiv	Zustandspassiv
	Der Text	
Präsens	*wird geschrieben.*	*ist geschrieben.*
Präteritum	*wurde geschrieben.*	*war geschrieben.*
Perfekt	*ist geschrieben worden.*	*ist geschrieben gewesen.*
Plusquam-perfekt	*war geschrieben worden.*	*war geschrieben gewesen.*
Futur I	*wird geschrieben werden.*	*wird geschrieben sein.*
Futur II	*wird geschrieben worden sein.*	*wird geschrieben gewesen sein.*

LEICHT GEMERKT

Für das Perfekt, das Plusquamperfekt und das Futur II des Passivs mer-
ken Sie folgende Faustregel:

Vorgangspassiv: **nur 1x ge-!**

Da das das **ge-** schon durch das Partizip II des Vollverbs vergeben ist,
steht im Perfekt, Plusquamperfekt und Futur II nur **worden**!

Für das Zustandspassiv gilt: **2x ge-!**

Der Zustand wird gewissermaßen durch Dopplung des **ge-** im Perfekt,
Plusquamperfekt und Futur II gefestigt.

Vorsicht: Verwenden Sie das Zustandspassiv nur dann, wenn wirklich
im Rückblick ein Zustand erreicht ist. Meist verwenden Migranten zu
häufig das Zustandspassiv!

Die Konjunktivformen des Passivs

Da es im Konjunktiv nur je eine Form für die Gegenwart, die Vergangenheit und die Zukunft gibt, sehen die Tabellen etwas kürzer aus:

Der Konjunktiv I

	Vorgangspassiv	Zustandspassiv
	Der Text	
Gegenwart	*werde geschrieben.*	*sei geschrieben.*
Vergangenheit	*sei geschrieben worden.*	*sei geschrieben gewesen.*
Zukunft	*werde geschrieben werden.*	*werde geschrieben sein.*

Diese Tabelle brauchen Sie nicht zusätzlich auswendig zu lernen!

Einfach: In der Indikativtabelle im Präsens, Perfekt und Futur I
die **finite Verbform** in den **Konjunktiv I** setzen!

Dann haben Sie die entsprechenden Formen der Gegenwart, Vergangenheit und Zukunft.

LEICHT GEMERKT

Der Konjunktiv II

	Vorgangspassiv	Zustandspassiv
	Der Text	
Gegenwart	*würde geschrieben.*	*wäre geschrieben.*
Vergangenheit	*wäre geschrieben worden.*	*wäre geschrieben gewesen.*
Zukunft	*würde geschrieben werden.*	*würde geschrieben sein.*

Auch diese Tabelle brauchen Sie nicht zu lernen!
Einfach: In der Konjunktiv I-Tabelle
        die **finite Verbform** in den **Konjunktiv II** setzen!
Dann haben Sie die entsprechenden Formen.

Das Passiv in der Infinitivkonstruktion

Auch in Verbindung mit dem Passiv gilt: Eine Infinitivkonstruktion ist nur möglich, wenn das Subjekt des einleitenden Verbs mit dem des folgenden Infinitivs übereinstimmt. ▸ Der Infinitiv mit *zu*, S. 75 ff.

Es gelten folgende Bildungsregeln:

a) Infinitiv = gegenwärtig oder zukünftig: Partizip II + ***zu*** + ***werden***
   *Sie hofft, **eingeladen zu werden**.*
b) Infinitiv = vorzeitig: Partizip II + ***worden*** + ***zu*** + ***sein***
   *Sie bedauert es, nicht **eingeladen worden zu sein**.*

Das Passiv mit Modalverben

Es wird mit einer **Personalform des Modalverbs** + **Partizip II** + **Infinitiv von *werden*** gebildet.

	Der Text
Präsens	*muss geschrieben werden.*
Präteritum	*musste geschrieben werden.*
Perfekt	*hat geschrieben werden müssen.*
Plusquamperfekt	*hatte geschrieben werden müssen.*
Futur I	*wird geschrieben werden müssen.*

Die Formen des Zustandspassivs und das Futur II sind in Kombination mit Modalverben so selten, dass sie hier nicht behandelt werden.

Das Partizip und *werden* können nicht getrennt werden!

Das Modalverb gruppiert sich um diese Einheit herum.

DIE WORTBILDUNG

Eine Sprache ist etwas Lebendiges, etwas, das sich ständig verändert. Unbrauchbar gewordene Wörter verschwinden aus dem Sprachschatz und neue Wörter kommen dafür hinzu.

Grundlage neuer Wörter ist meist ein bekanntes Wort, das verändert oder einfach mit einem anderen kombiniert wird.

Alle Wörter, die auf denselben Stamm zurückgehen, können zu einer Wortfamilie zusammengefasst werden. Innerhalb einer Wortfamilie können Ableitungen* und Zusammensetzungen ** stehen. Hier ein Beispiel:

Verben		Substantive
arbeiten*		der **Arbeit**nehmer**
ver**arbeit**en*	Die Grundlage der Wortbildung bildet in dieser Wortfamilie der Wortstamm **arbeit-**	die Ver**arbeit**ung*
er**arbeit**en*		die **Arbeit**serlaubnis**
Adjektive		das **Arbeit**sverhältnis**
arbeitstechnisch**		die Heim**arbeit****
arbeitsreich*		der Mit**arbeit**er*

1. Die Ableitungen

Ableitungen werden gebildet aus dem Wortstamm und

- einem Präfix: **ver**reisen, **ab**reisen
- einem Suffix: stein**ig**
- einem oder mehreren Präfixen und einem Suffix: **un**parteii**sch**, **unwi**der**steh**lich

Durch Ableitungen können die Wortarten wechseln:

krank (Adjektiv) ▶ Krank**heit** (Substantiv),
Schrift (Substantiv) ▶ schrift**lich** (Adjektiv)

Der Stammvokal kann dabei wechseln:

finden ▶ F**u**ndbüro; denken ▶ Ged**a**nke

... oder es kommt zu einem Wechsel zwischen Vokal und Umlaut:

h**o**ch – die H**ö**he; l**au**fen – der L**äu**fer

Die Ableitungen mit nicht trennbaren Präfixen

Nicht trennbare Präfixe können nicht allein stehen und geben dem Wort eine ganz bestimmte Bedeutung.

Das Präfix steht vor dem Verb bzw. Wortstamm

Präfix	Bedeutung	Grammatik	Beispiel
be-	betont das Ergebnis einer Handlung	Verben fast immer mit dem Akkusativ; Perfekt mit *haben*	*beachten, bearbeiten, beantworten*
ent-	etwas wird entfernt		*entkommen, entlaufen, entladen*
er-	Ergebnis einer Tätigkeit; plötzlicher Beginn; Zustandsänderung		*erhellen, erwärmen, erstarren, erblinden*
miss-	etwas ist nicht korrekt oder nicht gut		*missverstehen, misslingen, Missbrauch*
un-	bezeichnet einen Gegensatz oder etwas Negatives	Basiswort: Substantiv oder Adjektiv. <u>keine</u> Verben!	*unglücklich, unhöflich, Unruhe*
ver-	viele verschiedene Bedeutungen: etwas ist verschwunden, verkehrt, wird bearbeitet		*verlassen, verdunsten, sich verschreiben, vermischen, verpacken*
zer-	bezeichnet eine Zerstörung	immer mit dem Akkusativ	*zerstören, zerbrechen, zerschneiden*

 Viele der präfigierten Verben dieser Gruppe können durch Anhängen des Suffix *-ung* zu einem Substantiv werden:

beachten – Beachtung　　　　　*erwärmen – Erwärmung*
verpacken – Verpackung　　　　*zerstören – Zerstörung*
...

▸ Substantive und ihre Suffixe, S. 15 f.

Die Ableitungen mit trennbarem Präfix

Trennbare Präfixe sind **Verbzusätze**, die vor Verben stehen. Sie können auch alleine stehen. ▸ Kapitel 6, Verben mit Zusätzen

Verbzusatz + Verb stehen **nur** zusammen

- im Infinitiv: *abfahren*
- oder am Ende eines Nebensatzes:
  *Ich bringe dich zum Bahnhof und warte, bis der Zug **abfährt**.*

▸ Kapitel 9, Haupt- und Nebensätze

Die Verbzusätze (trennbare Präfixe)

Verbzusatz	mögliche Bedeutung	Beispiele
ab-	von etwas weg	*abfahren, abreisen*
an-	sich nähern, etw. zusammen-bringen	*anfreunden, ankleben*
auf-	eine aufsteigende Bewegung	*aufladen, aufstehen*
aus-	etwas oder sich entfernen	*ausladen, ausreisen*
bei-	etwas hinzufügen	*beilegen, beitragen*
ein-	nach innen	*einsteigen, einpacken*
(hier)her-	in Richtung des Sprechers	*herbringen, hierher-kommen*
her(aus)-	von innen nach außen	*herauskommen*
hin-	zu einem Ziel	*hinfahren*
hinein-	von außen nach innen	*hineinfahren*
los-	etwas trennen mit etwas beginnen	*loslassen* *losfahren*
mit-	etwas gemeinsam tun	*mitkommen*
vor-	nach vorn, etwas im Voraus tun, anderen etwas zeigen	*vorfahren, vorfeiern, vorbestellen, vorführen*
weg-	etwas ist nicht mehr da	*wegnehmen*
zu-	etwas schließen etwas zielgerichtet tun	*zudecken, zudrehen* *zusenden, zuwerfen*
zurück-	die Richtung ändern	*zurückkommen*

Die Ableitungen mit Suffixen

Suffixe sind Nachsilben, die nicht alleine stehen können.
In diesem Abschnitt geht es nicht um die Deklinations- und Konjugationssuffixe (▸ Kapitel 2 und 6), sondern nur um Suffixe zur Wortbildung von Substantiven und Adjektiven.

Substantive und ihre Suffixe

Suffixe bestimmen das Genus und die Bedeutung des Substantivs:

männliche Person: *der Verkäufer*   weibliche Person: *die Verkäuferin*

Sie sind ausführlich im Kapitel 2 dargestellt. ▸ Kapitel 2

Substantive können von verschiedenen Wortarten abgeleitet werden:

von einem Verbstamm	*reiben*	– *Reibung*
von einem Substantiv	*der Lehrer* –	*die Lehrerschaft*
von einem Adjektiv	*frei*	– *die Freiheit*

Suffixe können sich regional voneinander unterscheiden:

Häuschen	(norddeutsch/hochdeutsch)
Häuslein	(ursprünglich süddeutsch, heute vor allem literarisch)
Häuserl	(bayrisch)
Häusle	(schwäbisch)
Hüsli	(schweizerdeutsch)

LEICHT GEMERKT

-chen und **-lein** machen alle Dinge klein.

Aus dem Infinitiv eines Verbs können Substantive gebildet werden:

rechnen	– *das Rechnen*
springen	– *das Springen*
essen	– *das Essen*

Diese substantivierten Verben haben immer ein neutrales Genus und werden groß geschrieben.

Adjektive und ihre Suffixe

Adjektive können von verschiedenen Wortarten abgeleitet werden.

Die Ableitung vom Substantiv

Das Substantiv erhält am Ende des Wortes ein Suffix.

Substantiv	Suffix	mögliche Bedeutung	Beispiele
der Traum der Ekel	-haft	zeigt bestimmte Merkmale	ein **traumhafter** Strand ein **ekelhaftes** Wetter
die Arbeit das Gefühl	-los	ohne	**arbeitslose** Jugendliche ein **gefühlloser** Mensch
die Sonne der Ehrgeiz	-ig	eine bestimmte Art	ein **sonniger** Tag ein **ehrgeiziger** Mensch
Polen Preußen die Laune	-isch	Herkunft Zugehörigkeit	ein **polnischer** Maler die **preußische** Armee das **launische** Kind
die Demokratie die Solidarität	-isch	Fremdwörter (etwas betreffen)	**demokratische** Rechte **solidarisch** sein
die Jugend das Herz	-lich	eine Eigenschaft die Art und Weise	**jugendlich** aussehen **Herzliche** Grüße

Die Ableitung vom Verb

Der Verbstamm erhält ein Suffix.

Verb	Suffix	mögliche Bedeutung	Beispiele
machen	-bar	etwas ist möglich	Das ist **machbar**.
sparen leben	-sam -haft	zeigt ein typisches Verhalten	ein **sparsamer** Mensch ein **lebhaftes** Kind
wackeln kämpfen ärgern	-ig -(er)isch -lich	Zustand, Art und Weise von jemand/etwas	ein **wackliger** Stuhl ein **kämpferischer** Geist eine **ärgerliche** Geschichte

Als Suffixe können auch eigenständige Wörter gebraucht werden.

	Bedeutung	Beispiele
-arm	wenig	*wasser**arm***
-frei	ohne (durch den Menschen bewirkt)	*zucker**frei***
-leer	ohne (von Natur aus, bei konkreten Dingen)	*blut**leer***
-los	ohne (von Natur aus, bei Abstrakta)	*ziel**los***
-reich	viel (bei konkreten Dingen)	*kinder**reich***
-voll	viel (bei Gefühlen)	*liebe**voll***
-fest	etwas hält stand	*regen**fest***
-wert	es lohnt sich, etwas zu tun	*sehens**wert***

2. Die Zusammensetzungen (Komposita)

Im Deutschen kann man zwei oder mehr Wörter zu einem neuen Wort zusammensetzen.

Verben: **_zusammenschreiben_**

Substantive: **_die Kirchturmuhr_**

Adjektive: **_hellblau_**

Das letzte Wort ist das Grundwort. Es bestimmt

- die Wortart des Kompositums:

  über (Präposition) + **holen** (Verb) = *über**holen*** (Verb)

- bei zusammengesetzten Substantiven das Genus:

  der Kaffee + **die Tasse** = **die** *Kaffeetasse*

 Nur das letzte Substantiv wird dekliniert:

*die Kaffeetasse**n** des Fachlehrer**s***

Das erste Wort ist das **Bestimmungswort**. Es erklärt das zweite Wort:

*Das **Bügel**brett ist ein Brett **zum Bügeln**.*

Was kann zusammengesetzt werden?

Das zusammengesetzte Substantiv

Substantive können sich mit anderen Substantiven, Adjektiven, Verben oder Präpositionen zu neuen Komposita verbinden.

Substantiv + Substantiv

die Kinder	+	*das Zimmer*	=	*das Kinderzimmer*
das Dorf	+	*der Spielplatz*	=	*der Dorfspielplatz*

Manchmal erhält das Kompositum eine völlig neue Bedeutung:

Ein ***Kinderzimmer*** ist ein Zimmer für Kinder.
Ein ***Kindergarten*** ist kein Garten für Kinder, sondern eine Institution zur Kinderbetreuung.

Der Sonderfall: die Fugen

Nicht immer können Substantive lückenlos aneinandergereiht werden. Oft werden einzelne Buchstaben als Fugenelement benötigt, um die Aussprache zu erleichtern.

- **Substantiv + e + Substantiv:**
  bei Substantiven, deren Plural mit **-e** gebildet wird.

  der Hund (die Hunde) + *die Hütte* = *die Hundehütte*

Wird der Plural mit zusätzlichem Umlaut gebildet, taucht der Umlaut auch im Kompositum auf:

der Gast (die Gäste) + *das Zimmer* = *das Gästezimmer*

- **Substantiv + er + Substantiv:**
  bei maskulinen und neutralen Substantiven, die im Plural auf **-er** enden

  das Kind (die Kinder) + *der Tag* = *der Kindertag*

Wird der Plural mit zusätzlichem Umlaut gebildet, taucht der Umlaut auch im Kompositum auf:

das Land (die Länder) + *das Spiel* = *das Länderspiel*

- **Substantiv + *n* + Substantiv:**
  nach femininen Substantiven auf **-e**

  *die Birne (die Birn**en**) + das Kompott   = das Birn**en**kompott*

- **nach Substantiven der *n*-Deklination:**

  *der Mensch (die Mensch**en**) + die Menge = die Mensch**en**menge*

  nach Adjektiven:
  *krank   +   **en** +   das Haus   = das Krank**en**haus*

 Diese Regel gilt nur, wenn das Adjektiv angibt, für wen das Substantiv bestimmt ist. Ansonsten gilt die Regel unten.

- **Substantiv + *s* + Substantiv:**
  immer nach Suffixen (Nachsilben) wie **-heit**, **-keit**, **-ung**, **-tum**, **-ling**, **-ion**, **-tät**, **-schaft**, **-sicht**

  *die Gesundheit   +   **s**   +   der Minister = der Gesundheit**s**minister, der Flüchtigkeit**s**fehler, der Zeitung**s**artikel, die Altertum**s**forschung, der Säugling**s**brei, die Religion**s**freiheit, die Autorität**s**person, der Mannschaft**s**kapitän, die Ansicht**s**karte*

  nach Infinitiven:

  *schlafen   +   **s**   +   die Zeit   = die Schlafen**s**zeit*

Adjektiv + Substantiv

Das Adjektiv steht in der Grundform vor dem Substantiv.

schnell   +   Straße   =   die Schnellstraße
groß   +   die Eltern   =   die Großeltern
höchst   +   der Lohn   =   der Höchstlohn (Superlativ von *hoch*)

 Diese Regel gilt nur, wenn das Adjektiv angibt, wie das Substantiv beschaffen ist. Ansonsten gilt die Regel oben.

Verbstamm + Substantiv

Dies ist der Regelfall.

koch(en)   + das Buch   =   das Kochbuch
wasch(en) + die Maschine =   die Waschmaschine
brat(en)   + der Fisch   =   der Bratfisch

Verbstamm + e + Substantiv

nach vielen Verben mit der Stammendung *b*, *d*, *g*, *t*

lieg(en)	+	*der Wagen*	=	*der Liegewagen*
bind(en)	+	*das Glied*	=	*das Bindeglied*

Präposition + Substantiv

vor	+	*die Geschichte*	=	*die Vorgeschichte*
unter	+	*das Hemd*	=	*das Unterhemd*

Das zusammengesetzte Adjektiv

Substantiv + Adjektiv

Die Bedeutung der Adjektive wird durch das Substantiv verstärkt.

der Stein	+	*alt*	=	*steinalt*	ein **steinalter** Mann
die Luft	+	*leer*	=	*luftleer*	ein **luftleerer** Raum
das Haus	+	*hoch*	=	*haushoch*	Die Fußballer haben **haushoch** verloren.

Im Deutschen spielen Komposita eine große Rolle. Ihre Anwendung vereinfacht den Satzbau.

*Hier ist das **Tagebuch des Schülers**.* ▶ *Hier ist das **Schülertagebuch**.*
*Das ist ein **Bonbon gegen Husten**.* ▶ *Das ist ein **Hustenbonbon**.*

LEICHT GEMERKT

Es können auch mehr als zwei Teile zusammengesetzt werden, z. B. **Mittelmeerkreuzfahrt** oder **Leberwurstbrot**. Manchmal entstehen sehr lange Wörter, z. B. die **Landesbezirksfachbereichsvorstandssitzung** (= *die Sitzung des Vorstands des Fachbereichs des Bezirks eines Landes*). Nicht alle Komposita finden Sie in einem Wörterbuch, da die Bildung sehr frei ist und ständig neue Wörter entstehen. Auch Sie können unter Berücksichtigung der genannten Regeln neue Wörter bilden!

DIE KONJUNKTIONEN

Konjunktionen nennt man auch **Bindewörter,** weil sie Wörter, Wortgruppen oder Sätze miteinander verbinden.

- Wörter:
  und: *Er kam mit vielen Koffern, Tüten **und** Taschen*

- Wortgruppen:
  sowie (schriftsprachlich): *Sie benötigen Skier, Stöcke **sowie** einen Helm.*

- Hauptsätze:
  aber: *Sonst gehe ich zu Fuß, **aber** heute nehme ich den Bus.*

- Haupt- und Nebensätze:
  weil: *Wir nehmen im Winter den Bus, **weil** es so kalt ist.*

Die ersten vier Gruppen sind nebenordnende Konjunktionen ▶ Hauptsatzkombinationen, S. 152, zur letzten Gruppe gehören die unterordnenden Konjunktionen ▶ Nebensätze, S. 152 ff..

Nebenordnende Konjunktionen

Diese Konjunktionen verbinden gleichwertige Wörter, Wortgruppen oder Sätze miteinander.

Konjunktionen, die Wörter / Wortgruppen miteinander verbinden

kopulativ (ordnet gleichberechtigt nebeneinander)	
und	*Dirk kauft Brot **und** Butter.*
sowie	*Wir besuchten Rom **sowie** einige andere Städte.*
sowohl – als auch	*Sie mag **sowohl** Milch **als auch** Kakao.*
weder ... noch	*Ich habe dafür **weder** Zeit **noch** Lust.*

adversativ (drückt einen Gegensatz aus)	
nicht ... sondern	*Er will **nicht** Fußball spielen, **sondern** nur zusehen.*
(zwar ...) aber	*Er mag **(zwar)** Wein, **aber** heute nicht.*

disjunktiv (drückt eine Alternative aus)	
(entweder) ... oder	*Wir können **(entweder)** zu dir **oder** zu mir gehen.*

Konjunktionen, die Hauptsätze verbinden

Alle Hauptsatzkonjunktion haben eine Gemeinsamkeit: Sie verbinden zwei Hauptsätze miteinander. Beide Sätze können jedoch auch allein stehen.

Hauptsatz I	Konjunktion	Hauptsatz II
Heute kommt Tina	**und**	*wir gehen ins Kino.*
Heute kommt Tina.		*Wir gehen ins Kino.*

▸ Hauptsatzkombinationen, S. 152

Die Hauptsatzkonjunktionen unterscheiden sich jedoch durch die Position im Satz. Es gibt folgende Möglichkeiten:

- Konjunktion + Subjekt + Verb   (= normale Satzstellung)
- Konjunktion + Verb + Subjekt   (= Umstellung)

	normale Stellung	Umstellung
aufzählend (kopulativ)	*und*	*außerdem, zusätzlich, ferner, darüber hinaus*
ausschließend (disjunktiv)	*oder*	*sonst, ansonsten, anderenfalls*
entgegensetzend (adversativ)	*aber* *sondern*	*zwar ... (aber), einerseits, andererseits, dagegen*
einräumend (konzessiv)		*allerdings, indessen, trotzdem, dennoch, jedoch*
begründend (kausal)	*denn*	*darum, daher, deshalb, deswegen*
folgernd (konsekutiv)		*also, folglich, infolgedessen, so, demnach, insofern*
zeitlich (temporal)		*dann, da, danach, daraufhin, zuerst, später, schließlich, inzwischen, mittlerweile, anschließend, schließlich*

 Ist das Subjekt im ersten und zweiten Satz gleich, kann man es im zweiten Satz weglassen.

Wir fahren nicht weg, sondern (wir) bleiben zu Hause.

Folgender Merkspruch macht es Ihnen leichter zu behalten, welche Konjunktionen keinen Einfluss auf die Satzstellung haben:

ADUSO – der Satz bleibt so! (aber, denn, und, sondern, oder)

Die Konjunktionen, die eine Umstellung bewirken (s. rechte Spalte oben) verhalten sich also wie ein Adverb. Im Gegensatz zu den echten Konjunktionen (s. linke Spalte oben) müssen sie nicht unbedingt am Satzanfang stehen. Wenn Sie in der Satzmitte stehen, erfolgt keine Umstellung. Die ADUSO-Konjunktionen können bis auf **aber** nicht in der Satzmitte stehen. Unterscheiden Sie:

	am Satzanfang	in der Satzmitte
Konjunktion	*Ich mache Abendbrot, <u>denn</u>* **ich habe** *Hunger.* (keine Umstellung)	
Adverb	*Ich habe Hunger, <u>darum</u>* **mache ich** *jetzt Abendbrot.* (Umstellung)	*Ich habe Hunger.* **Ich mache** <u>darum</u> *jetzt Abendbrot.* (keine Umstellung)

▸ Das Adverb im Satz, S. 147

Unterordnende Konjunktionen

Dies sind Konjunktionen, die einen Nebensatz einleiten.
▸ Konjunktionale Nebensätze, S. 153 ff.

Hauptsatz I	Hauptsatz II
Jeff trägt einen Regenmantel.	*Es regnet heute.*

Diese beiden Hauptsätze kann man durch eine unterordnende Konjunktion verbinden:

Hauptsatz	Konjunktion	Nebensatz
Jeff trägt einen Regenmantel,	**weil**	*es heute regnet.*

Aus dem zweiten Hauptsatz ist durch die Konjunktion **weil** ein Neben-satz geworden, der vom Hauptsatz abhängt. Vor der Konjunktion steht ein Komma. Beachten Sie die Satzstellung im Nebensatz:

Das Verb kommt erst am Satzende!

Besteht ein Verb aus mehreren Teilen, stehen alle Teile am Satzende. Den Satzabschluss bildet die finite Form.

	Hauptsatz	Nebensatz
Präsens	*Jeff trägt einen Regenmantel,*	*weil es heute **regnet**.*
Perfekt	*Jeffs Regenmantel ist nass,*	*weil es heute **geregnet hat**.*
Modalverb	*Jeff trägt einen Regenmantel,*	*weil es heute **regnen könnte**.*

▶ Konjunktionale Nebensätze, S. 153 ff.

Die unterordnenden Konjunktionen

temporal (drückt Zeitverhältnisse aus)	
als	***Als** ich gestern zur Arbeit ging, sah ich meine Nachbarin.*
wenn	***(Immer) wenn** ich zur Arbeit gehe / ging, sehe / sah ich meine Nachbarin.*
bevor	*Wir haben aufgeräumt / räumen auf, **bevor** unsere Eltern nach Hause gekommen sind / kommen.*
bis	*Wir standen / stehen an der Haltestelle, **bis** der Bus kam / kommt.*
ehe	*Ich musste / muss noch eine E-Mail schreiben, **ehe** ich nach Hause gehen konnte / gehen kann.*
nachdem	*Endlich fand er einen Parkplatz, **nachdem** er eine Viertel-stunde gesucht hatte.*
seit(dem)	*Ich habe ihn nicht gesehen, **seit** ich weggezogen bin. Ich sehe ihn gar nicht mehr, **seit** ich hier wohne.*
sobald	***Sobald** der Frühling kam / kommt, ging / geht es mir wieder gut.*
solange	***Solange** es regnete / regnet, blieben / bleiben wir im Haus.*

LEICHT GEMERKT

Die meisten temporalen Nebensatzkonjunktionen können mit Verben in der Gegenwart oder in der Vergangenheit kombiniert werden.

Ausnahmen: **nachdem** und **als** stehen nur mit der Vergangenheit.

Zur Unterscheidung von **als** und **wenn** in der Vergangenheit merken Sie sich:

als = <u>ei</u>nmal, **wenn** = Wiederholung!

adversativ (beschreibt eine (zeitliche) Gegenüberstellung)	
während	*Der Busfahrer schlief, **während** die Touristen im Museumspark spazieren gingen.*

Bis, seit und **während** können auch als Präposition stehen.
▸ Präpositionen, S. 124 ff.

*Wir können doch noch **bis** morgen warten.*
*Ich habe sie **seit** gestern nicht gesehen.*
*Er hat schon **während** des Abendbrots geschlafen.*

kausal (gibt einen Grund an)	
da	*Er kann nicht mitkommen, **da** er noch arbeiten muss.*
weil	*Ich bin ins Bett gegangen, **weil** ich müde war.*

final (gibt einen Zweck oder eine Absicht an)	
damit	*Ihr müsst jetzt gehen, **damit** ihr den Bus nicht verpasst.*
dass	*Ich beeile mich, **dass** ich pünktlich bei dir bin.*

Dass kann auch eine Aussage einleiten:

*Martin sagte, **dass** er nicht kommen kann.*

konditional (gibt eine Bedingung an)	
falls	*Nimm die Badesachen mit, **falls** du noch schwimmen willst.*
wenn	*Ich helfe dir, **wenn** ich Zeit habe.*

Die Konjunktion **wenn** hat also zwei Bedeutungen: temporal und konditional:

*Ich helfe dir, **wenn** ich Zeit habe.*
*= Ich helfe dir (bestimmt), **sobald** ich Zeit habe.* (temporal)

oder

*= Ich helfe dir (vielleicht), **falls** ich Zeit habe.* (konditional)
Die jeweilige Bedeutung ergibt sich aus dem Zusammenhang (Intonation, andere Aussagen, ...).

konzessiv (schränkt etwas ein)	
obwohl *obgleich*	***Obwohl** sie krank war, ging sie zur Arbeit.*

konsekutiv (beschreibt eine Folge)	
so dass	*Die Sonne blendete mich, **so dass** ich meine Sonnenbrille aufsetzen musste.*
so ... dass	*Er schlief **so** lange, **dass** er zu spät kam.*

komparativ (vergleichend)	
als	*Du bist schlauer, **als** ich dachte.*
als ob	*Er tat so, **als ob** er keine Zeit hätte.*
wie	*Es kam, **wie** ich es erwartet hatte.*

Bei einem Vergleich kann **als** oder **wie** auch ohne Verb stehen.

*Er ist beim Essen genau**so** langsam **wie** du.*
*Er ist größer **als** ich.*

DIE PRÄPOSITIONEN

Die Präposition steht meistens vor einem Substantiv, einer Wortgruppe, einem Pronomen oder einem Adverb.

- vor einem Substantiv: *Die Kugel ist **aus Glas**.*
- vor einer Wortgruppe: *Die Kugel ist **aus buntem Glas**.*
- vor einem Pronomen: *Ich spiele **mit ihr**.*
- vor einem Adverb: ***Ab morgen** bin ich im Urlaub.*

Nur wenige Präpositionen stehen **nach** der Wortgruppe:

- *zuliebe* (+ Dativ) steht immer nach seinem Bezugswort:
  *Die Besprechung fand ihm **zuliebe** auf Englisch statt.*

- *entlang* kann vor und nach seinem Bezugswort stehen:
  (Vor dem Bezugswort: + Dativ; gibt einen Ort an)
  ***Entlang** dem Flussufer wird ein Radweg gebaut.*

  (Nach dem Bezugswort: + Akkusativ; gibt eine Richtung an:)
  *Wir fuhren den Radweg **entlang**.*

- *wegen* kann vor und nach seinem Bezugswort stehen:
  (Nach dem Bezugswort + Genitiv: hochsprachlich)
  *Des schlechten Wetters **wegen** musste das Fest verschoben werden.*

  (Vor dem Bezugswort + Genitiv: standardsprachlich)
  ***Wegen** des schlechten Wetters musste das Fest verschoben werden.*

  (Vor dem Bezugswort + Dativ: nicht standardsprachlich)
  ***Wegen** dem schlechten Wetter musste das Fest verschoben werden.*

 Die meisten Deutschen würden den Satz mit dem Dativ sagen. Das ist aber eigentlich nicht korrekt!

- *gegenüber* kann vor und nach seinem Bezugswort stehen:
  (Vor oder nach Substantiven im Dativ)
  ***Gegenüber** dem Krankenhaus / Dem Krankenhaus **gegenüber** ist eine Apotheke.*

- (Nach Personalpronomen im Dativ)
  *Er ist mir **gegenüber** immer sehr freundlich.*

Präpositionen drücken temporale, lokale, kausale oder modale Verhältnisse zwischen Personen, Dingen oder Sachverhalten aus.

Eine Präposition kann mehrere Bedeutungen haben. Präpositionen verändern sich nicht. Man kann sie nicht deklinieren.

Präpositionen bestimmen den Kasus des nachfolgenden Wortes bzw. der nachfolgenden Wortgruppe. Daher kann man sie nach dem Kasus, den sie regieren, einteilen.

Präpositionen mit dem Akkusativ

bis*	*Dieser Zug fährt **bis** Hamburg Altona.* (lokal) *Er hat **bis** elf Uhr geschlafen.* (temporal) ***Bis** nächste Woche!* (temporal)
um (... herum)	*Die Katze ist **um** das Haus geschlichen.* (lokal) *Alle sitzen gespannt **um** den Tisch **herum**.* (lokal) *Wir sehen uns **um** drei (Uhr).* (temporal)
für	*Unser Au-pair-Mädchen bleibt **für** ein Jahr.* (temporal) *Sie demonstrieren **für** den Frieden.* (final)
durch	*Ich gehe **durch** den Park.* (lokal) *Er ist **durch** die Kündigung sehr verunsichert.* (kausal)
ohne	*Einen Kaffee **ohne** Sahne und Zucker, bitte!* (modal)
gegen	*Das Auto ist **gegen** die Mauer gefahren.* (lokal) *Tom erwartet uns **gegen** sieben Uhr.* (temporal) *Sie sind **gegen** Gewalt.* (final)

* Der Fall ist oft nicht zu erkennen, weil nach der Präposition häufig ein Name oder eine Zahl ohne Artikel folgt.

Präpositionen mit dem Akkusativ:

bis, um, für, durch, ohne, gegen = BUF DOG

LEICHT GEMERKT

Präpositionen mit dem Dativ

außer	Alle **außer** Tina waren in der Ausstellung. (modal)
ab	**Ab** dem Allgäu wurde das Wetter schön. (lokal) **Ab** Dienstag scheint die Sonne wieder. (temporal)
bei	Meine Großmutter wohnt **bei** meiner Tante. (lokal) Vorsicht **bei** der Abfahrt des Zuges! (temporal)
seit	**Seit** einem Monat ist er kaum zu Hause. (temporal)
mit	**Mit** meinem Motorrad bin ich schnell. (modal)
nach	Marie fährt **nach** Italien. (lokal) **Nach** der Schule bin ich immer müde. (temporal) **Nach** einem Tag wusste ich alle Namen meiner Schüler. (temporal) Wenn es **nach** mir geht, fahren wir jetzt los. (modal)
gegenüber	**Gegenüber** dem Kaufhaus ist eine Eisdiele. (lokal)
aus	Sie nimmt Geld **aus** der Kasse. (direktional) **Aus** Furcht vor dem Gewitter flüchtete sie in den Keller. (kausal)
von	Er kommt müde **von** der Arbeit. (direktional)
(bis) zu	Wir fahren **zu** Oma und Opa. (direktional) Sie wartet **bis zum** Mittag. (temporal) Er war vom ersten **bis zum** letzten Tag fleißig. (temporal) **Zu** Weihnachten essen wir immer Gans. (temporal)

LEICHT GEMERKT

Für die Präpositionen mit dem Dativ gibt es verschiedene Merksprüche:

Am Abend bringt Sabines Mutter neun Gläser aus Vaters Zimmer.
(außer, ab, bei, seit, mit, nach, gegenüber, aus, von, zu)

Wechselpräpositionen

Es gibt Präpositionen zur Ortsangabe, die mit dem Akkusativ oder mit dem Dativ auftreten können.

an	*auf*	*hinter*
in	*neben*	*über*
unter	*vor*	*zwischen*

Wenn man eine **Richtung** (**Wohin?**) angibt, benutzt man die Präposition mit dem **Akkusativ.** Wenn man einen **Standort (Wo?)** angibt, benutzt man die Präposition mit dem **Dativ**. Vergleichen Sie:

Präp.	Beispielsätze mit dem	
	Akkusativ	Dativ
an	*Paula hängt den Spiegel **an** die Wand.*	*Der Spiegel hängt **an** der Wand.*
auf	*Er fährt **auf** die Insel.*	***Auf** der Insel steht ein Haus.*
hinter	*Er rennt **hinter** die Tür.*	*Er steht **hinter** der Tür.*
in (ohne Artikel)	(Für Richtungsangaben bei Orts- und Ländernamen ohne Artikel benutzt man ***nach*** + Akkusativ, s.o.)	***In** Berlin ist immer viel los.* ***In** Griechenland ist es oft sehr heiß.*

neben	Er setzt sich **neben** mich.	Ich möchte **neben** dir sitzen.
in	Er steckt den Brief **in** die Tasche.	Der Brief steckt **in** der Tasche.
über	Die Wolken ziehen **über** das Land.	Die Wolken sammeln sich **über** dem Atlantik.
unter	Der Hund setzt sich **unter** den Tisch.	Der Hund sitzt **unter** dem Tisch.
vor	Stell die Schuhe **vor** die Tür.	Die Schuhe stehen doch schon **vor** der Tür!
zwi-schen	Leg dich doch **zwischen** uns.	Das Kind liegt **zwischen** seinen Eltern.

LEICHT GEMERKT

Die Wechselpräpositionen können sie sich mit dem folgenden Sprüchlein merken:

**An, auf, hinter, neben, in
über, unter, vor und zwischen
stehen mit dem vierten Fall,
wenn man fragen kann „wohin?"
Mit dem dritten stehn sie so,
wenn man nur kann fragen „wo?"**

Wie Sie an den Beispielsätzen in der Tabelle sehen, gibt es im Deutschen einige Verbpaare, die sehr ähnlich klingen, aber nicht verwechselt werden dürfen, da ein Verb nur mit dem Akkusativ und ein Verb nur mit dem Dativ stehen kann. Nur das Verb **stecken** kann sich mit beiden Fällen verbinden:

mit dem Akkusativ (wohin?)		mit dem Dativ (wo?)	
hängen,	häng**te**, gehäng**t**	hängen,	**hing**, **gehangen**
sich setzen,	setz**te**, gesetz**t**	sitzen,	**saß**, **gesessen**
stellen,	stell**te**, gestell**t**	stehen,	**stand**, **gestanden**
legen,	leg**te**, geleg**t**	liegen,	**lag**, **gelegen**
Ausnahme: stecken, steck**te**, gesteck**t**			

Mit dem **Akkusativ** stehen die **regelmäßigen** Verben,
mit dem **Dativ** die **unregelmäßigen** Verben!

Folgender Vers kann Ihnen die Unterscheidung erleichtern:

Hängen, setzen, stellen, legen – hier muss man etwas bewegen.
Hängen, sitzen, stehen, liegen – hier ist nichts vom Fleck zu kriegen.

Vier der genannten Wechselpräpositionen (**an**, **in**, **vor**, **zwischen**) können auch eine temporale, kausale oder modale Bedeutung annehmen. In diesem Fall stehen sie immer mit dem **Dativ**!

an	***An** den Vormittagen arbeitet sie immer.* (temporal)
in	***In** der Pause esse ich ein Brötchen.* (temporal) ***In** zwei Wochen habe ich Geburtstag.* (temporal) ***In** der Eile habe ich etwas vergessen.* (modal)
vor	*Er geht **vor** der Arbeit joggen.* (temporal) ***Vor** einem Jahr war ich verliebt.* (temporal) *Er kann **vor** Sehnsucht nicht mehr schlafen.* (kausal)
zwischen	***Zwischen** dem 8. und 10. Oktober habe ich keine Zeit.* (temporal)

Die temporalen Präpositionen **für**, **in**, **vor**, **seit** und **nach** werden häufig verwechselt. Beachten Sie die folgenden Bedeutungsunterschiede:

Juni: *Ich gehe **für** zwei Monate nach Deutschland.*
(= Plan, <u>Zeitraum</u> in der Zukunft)

***In** einer Woche geht mein Flug.*
(= Plan, <u>Zeitpunkt</u> in der Zukunft)

Juli: ***Vor** einem Monat bin ich nach Deutschland gekommen.*
(= Erlebnis, <u>Zeitpunkt</u> in der Vergangenheit)

***Seit** einem Monat lebe ich in Deutschland.*
(= Erlebnis, <u>Zeitraum</u> von der Vergangenheit bis hin zur Gegenwart)

August: ***Nach** zwei Monaten in Deutschland freue ich mich auf zu Hause.*
(= Erlebnis, abgeschlossener <u>Zeitraum</u> in der Vergangenheit)

Manche Präpositionen verschmelzen im Akkusativ und im Dativ mit dem bestimmten Artikel zu einer Kurzform:

Akkusativ		Dativ	
an + das ▶ **ans:** **in + das** ▶ **ins** **auf + das** ▶ **aufs**	*Sie ruderten **ans** Ufer.* *Ich lege das Buch **ins** Regal.* *Sie geht **aufs** Gymnasium.*	**an + dem** ▶ **am** **in + dem** ▶ **im** **von + dem** ▶ **vom** **zu + dem /** **der** ▶ **zum** **/ zur** **bei + dem** ▶ **beim**	*Die Kinder spielen **am** Strand.* ***Im** Haus ist es warm und gemütlich.* *Die Muscheln sind **vom** Strand.* *Ich muss erst **zum** Arzt und dann noch **zur** Apotheke.* *Du sollst dich nachher **beim** Chef melden.*
umgangssprachlich außerdem			
hinter / vor / **unter + das** ▶ **hinters /** **vors / unters**	*Die Katze lief **hinters** Haus / **vors** Haus, **unters** Bett.*	**hinter / vor /** **unter + dem** ▶ **hinterm /** **vorm /** **unterm**	*Die Katze sitzt **hinterm** Haus / **vorm** Haus, **unterm** Bett.*

Präpositionen mit Genitiv

Die meisten Präpositionen mit dem Genitiv gehören der Schriftsprache an. In der Umgangssprache gibt es häufig Varianten mit anderen Fällen.

Präposition	Beispiel	umgangssprachliche Variante
wegen	*Wir sind **wegen** des Sturms abgefahren.*	**+ Dativ:** *Wir sind **wegen** dem Sturm abgefahren.*
während	***Während** des ganzen Winters lag Schnee.*	
infolge	***Infolge** eines Fehlers wurden die Daten gelöscht.*	**von** + Dativ Plural: ***Infolge von** Fehlern wurden die Daten gelöscht.*
trotz	***Trotz** des Staus kam er pünktlich an.*	**+ Dativ:** ***Trotz** dem Stau kam er pünktlich an.*

zeit	Er hat **zeit** seines Lebens hart gearbeitet.	
-halb	Das berühmte Schloss liegt **innerhalb / außerhalb / oberhalb / unterhalb** der Stadt.	von + Dativ: Das berühmte Schloss liegt **innerhalb / außerhalb / oberhalb / unterhalb von** der Stadt.
halber	Der Einfachheit **halber** lassen wir unwichtige Präpositionen weg.	
(an)statt / anstelle	Ich nehme lieber Gemüse **(an)statt** des Fleisches. **Anstelle** des Dirigenten leitete ein Schüler die Probe.	**anstelle von** + Dativ Plural: **Anstelle** von Klagen hatte ich einen Vorschlag erwartet.
ungeachtet	**Ungeachtet** der Tatsache, dass er verletzt war, gewann er das Rennen.	
um ... willen	**Um** des lieben Friedens **willen** gab er nach.	
- seits	Unser Dorf liegt **abseits / jenseits / diesseits / beiderseits** der Autobahn.	

Verbindet man die Anfangsbuchstaben der Genitivpräpositionen ergibt sich das Merkwort **Witzhaus**.

Häufig anzutreffen sind in der Umgangssprache Verschmelzungen aus einer Genitivpräposition und einem Pronomen:

meinetwegen, deinetwegen, unseretwegen, währenddessen, infolgedessen, trotzdem, stattdessen

Verben mit festen Präpositionen

Viele Verben stehen mit einer festen Präposition, die den Akkusativ oder Dativ verlangen.

Manchmal sind die Verben, die sich mit einer Präposition verbinden, sehr ähnlich. So weist die Präposition *vor* auf eine Gefahr hin.

sich ekeln vor, sich erschrecken vor, fliehen vor, sich fürchten vor, warnen vor

Meistens sind jedoch keine inhaltlichen Parallelen zu entdecken. Folgende Schwierigkeiten stellen sich:

a) Eine Präposition hat mehrere Bedeutungen:
   mit_1 = Beginn / Ende: *anfangen / aufhören* **mit**
   mit_2 = Gesprächspartner: *sprechen* **mit**

b) Mehrere Präpositionen haben dieselbe Bedeutung:
   von / über = Thema: *träumen* **von**, *nachdenken* **über**

c) Verben, die sehr ähnliche Bedeutungen haben, können unterschiedliche Präpositionen verlangen:
   sich informieren **über**, *sich erkundigen* **nach**

d) Manche Verben können mit zwei verschiedenen Präpositionen stehen:
   sprechen **von / über**

Eine Liste der wichtigsten Verben mit festen Präposition finden Sie auf S. 162.

DIE ADVERBIEN

Adverbien geben Informationen über:

<u>Substantive</u>: *Das <u>Auto</u> **da** ist falsch geparkt.*
<u>Verben</u>: *Sie können **hier** nicht <u>halten</u>.*
<u>Adjektive</u>: *Das ist eine **ziemlich** <u>gute</u> Frage.*
<u>Adverbien</u>: *Das ist **ganz** <u>anders</u>.*

Sie werden nicht dekliniert.
Man schreibt sie immer klein: *morgen, abends, ...*

Für die Bildung der Steigerungsformen gilt:

1. Adverbien, die auch als Adjektive vor Substantiven stehen können, bilden Steigerungsformen:

Verwendung als	nicht gesteigert	gesteigert
Adjektiv	*Das ist ein **interessantes** Angebot.*	*Das ist ein noch **interessanteres** Angebot.*
Adverb	*Das Angebot klingt **interessant**.*	*Das Angebot klingt noch **interessanter**.*

2. Adverbien, die nicht als Adjektive verwendet werden können, bilden normalerweise keine Steigerungsformen:

   vielleicht, unten, mehrmals, ...

Ausnahme: Fünf Adverbien haben Steigerungsformen.

Positiv	Komparativ	Superlativ
bald, früh	*eher (früher)*	*am ehesten (am frühesten)*
gern	*lieber*	*am liebsten*
oft	*häufiger/öfter*	*am häufigsten*
sehr	*mehr*	*am meisten*
wohl (gut)	*wohler (besser)*	*am wohlsten (am besten)*

Adverbien kann man nach ihrer Bedeutung in Gruppen einteilen:

- Temporaladverbien, z. B. *morgens, manchmal, neulich*
- Lokal- / Direktionaladverbien, z. B. *hier, vorwärts, herunter*
- Modaladverbien, z. B. *gern, vergebens*
- Kausaladverbien, z. B. *darum, deshalb, deswegen*

Die Lokaladverbien

Lokaladverbien geben an, wo sich jemand oder etwas befindet.

hier (ganz nah) *Ich bin hier.*	**da** (Anwesenheit) *Der Gast ist da.*	**dort** (etwas entfernt) *Er wartet dort.*
drinnen (drin) (im Raum) *Willst du drinnen …*	**draußen** (außerhalb eines Raumes) *oder draußen warten?*	**drüben** (gegenüber) *Du kannst auch drü- ben warten.*
außen (Außenseite) *Am Mantel fehlt außen ein Knopf.*	**innen** (Innenseite) *Innen habe ich ihn schon wieder ange- näht.*	**überall** (an jedem Ort) *Überall liegen Knöpfe herum.*
irgendwo (der Ort ist nicht bekannt) *Den Stein habe ich irgendwo gefunden.*	**nirgendwo (nirgends)** (es gibt keinen Ort) *Ich kann den Stein nirgends finden.*	**woanders** (an einem anderen Ort) *Ich muss ihn woanders liegen gelassen haben.*

Man kann auch zwei Lokaladverbien miteinander kombinieren.

*Ist das Geld **hier drin?** Oder ist es **da drin?***

Die Stellung der Lokaladverbien im Satz

Das Lokaladverb kann an verschiedenen Stellen im Satz stehen.

***Draußen** regnet es.* (Position 1). *Ich bleibe lieber **hier**.* (Endposition).

LEICHT GEMERKT

Die häufigsten Lokaladverbien: *Wo?*

*hier, dort, da, links, rechts, vorne, hinten, oben, unten, (dr)innen,
(dr)außen, überall, irgendwo, nirgends/nirgendwo, drüben, nebenan,
unterwegs …*

Die Direktionaladverbien

Die Direktionaladverbien geben eine Richtung an.

Wohin?	hinauf – hinunter	*Ich gehe die Treppe **hinauf**.*
	vorwärts – rückwärts	*Du musst **vorwärts** einparken.*
	aufwärts – abwärts	*Der Aufzug fährt **aufwärts**.*
	nach links – nach rechts	*Sie müssen erst **nach links und***
	geradeaus	*dann **geradeaus** fahren.*
	nach oben – nach unten	*Er geht **nach unten** in den Keller.*
	hierhin – dorthin – dahin	*Schaut doch mal **hierhin**!*
Woher?	von dort	*Der Bus muss **von dort** kommen.*
	von rechts – von links	*Der Radfahrer kam **von links**.*
	von oben – von unten	*Das Geräusch kam **von oben**.*
	von außen – von innen	*Ich habe **von innen** abgeschlossen.*

Direktionaladverbien mit *hin-* und *her-*

her- bedeutet zum Sprecher: *Er kommt zu mir **herauf**.*
hin- bedeutet vom Sprecher weg: *Er geht den Abhang **hinunter**.*

Die Stellung der Direktionaladverbien im Satz

Direktionaladverbien stehen meist am Satzende.

*Ich gehe jeden Tag nach der Arbeit **ins Fitnessstudio**.*

In der Umgangssprache sagt man:

rauf (= herauf / hinauf), *rüber* (= herüber / hinüber), *runter* (= herunter / hinunter), *raus* (= heraus / hinaus), *rein* (= herein oder hinein).

Die häufigsten Direktionaladverbien

Wohin?
hin, dorthin, hinauf, hinunter, hinab, hinaus, hinüber, hoch, herum, umher, vorwärts, rückwärts, abwärts, aufwärts, seitwärts, auswärts

Woher?
her, dorther, herab, herunter, heraus, heran, her, weg, fort, los

LEICHT GEMERKT

Die Temporaladverbien

Temporaladverbien beschreiben **Zeitpunkte** oder **Zeiträume** in der Gegenwart, Vergangenheit oder Zukunft:

Zeitpunkt in der		
Gegenwart	Vergangenheit	Zukunft
Ich gehe **jetzt** arbeiten.	Sie hat **eben** angerufen.	Ich komme **gleich / sofort**.
Heute scheint die Sonne.	**Gestern** schien die Sonne.	**Morgen** regnet es bestimmt.
Ich wasche **gerade** ab.	**Neulich** habe ich auch schon abgewaschen.	**Bald** habe ich keine Lust mehr.
Ich saß in der Badewanne. **Da** klingelte es.	Du hast **vorhin** nicht aufgepasst.	Das mache ich **nachher / später**.
Nun hören wir auf zu lernen.	Es war **einmal** eine Zauberin …	**Irgendwann** lerne ich das auch noch.

Zeitraum in der		
Gegenwart	Vergangenheit	Zukunft
Die Kinder sitzen **heutzutage** alle vor dem Computer.	**Früher** war alles besser. **Damals** holte man das Wasser noch aus dem Brunnen.	**In Zukunft** machen wir das anders.

Verhältnis zu einem anderen Zeitpunkt		
Vorzeitigkeit	Nachzeitigkeit	Endpunkt
Anfangs hatte er Angst vor dem Skifahren.	**Später** wurde er mutiger.	**Zuletzt** fuhr er sehr schnell.
Wollen wir spazieren gehen? Ja, aber **vorher / erst / zuerst** muss ich bügeln …	… und **nachher** muss ich noch aufräumen. Klaus hat sein Studium abgebrochen. **Seitdem** fährt er Taxi.	Mein Plan war, auszuwandern. **Inzwischen / Schließlich** habe ich aber doch einen guten Job gefunden.

Häufigkeit	
Wie oft?	*nie, niemals, fast nie, selten, kaum, manchmal, ab und zu, hin und wieder, von Zeit zu Zeit, gelegentlich, oft, häufig, meistens, fast immer, immer, stets*

Dauer mit subjektiver Wertung		
schon	*Bist du **schon** fertig?*	(schneller als gedacht)
noch	*Ich bin **noch** nicht fertig.*	(es dauert etwas länger)
erst	*Ich werde **erst** nächste Woche fertig.*	(später als gedacht)

Angaben zu Tagen, Tageszeiten, Wochen, Monaten, usw.
Morgens (= jeden Morgen) *mache ich Frühstück.**   ***Freitags*** (= jeden Freitag) *essen wir Fisch.**   ***täglich / wöchentlich / monatlich /*** *Die Zeitung erscheint* ***jährlich***

* In der Satzmitte werden die Adverbien klein geschrieben:
*Ich mache **morgens** Frühstück. / Wir essen **freitags** Fisch.*

Die Stellung der Temporaladverbien im Satz

Temporaladverbien stehen am Satzanfang oder in der Satzmitte.

*Ich komme **morgen** nach der Arbeit vorbei.* (Satzmitte). *– **Morgen** bin ich nicht da.* (Satzanfang). *Tut mir leid.*

Die Modaladverbien

Die Modaladverbien geben die Art und Weise an.
Sie können bewerten, eine Annahme oder Wahrscheinlichkeit ausdrücken:

Bewertung	
glücklicherweise	*Als das Wasser aus der Waschmaschine lief, war sie **glücklicherweise** zu Hause.*
hoffentlich	***Hoffentlich** ist der Winter bald vorbei.*
leider	*Ich habe **leider** vergessen, wann du Geburtstag hast.*
natürlich	*Willst du mit zum Fußball kommen? **Natürlich**.*
wirklich	*Der schottische Tanz hat **wirklich** Spaß gemacht.*

Von allen Adjektiven, die eine Bewertung ausdrücken, lassen sich Adverbien auf **-erweise** ableiten. Probieren Sie es aus:

bedauerlich – bedauerlicherweise,   *dumm – dummerweise,*
ärgerlich – ärgerlicherweise,   *normal – normalerweise,*
freundlich – freundlicherweise,   *verständlich – verständlicherweise*

Annahme	
anscheinend	*Er läuft jeden Tag 15 Kilometer.* **Anscheinend** *macht es ihm Spaß.*

Wahrscheinlichkeit	
bestimmt	*Ich habe den ganzen Tag gewartet. Er hat mich* **bestimmt** *vergessen.*
eventuell	*Ich habe* **eventuell** *noch eine Freikarte für euch.*
sicherlich	*Die ist* **sicherlich** *nicht mehr gültig.*
wahrscheinlich	**Wahrscheinlich** *fahren wir nach Italien.*
vielleicht	**Vielleicht** *liegt dort noch ein wenig Schnee.*

Die Graduierung mit Hilfe von Modaladverbien

Modaladverbien können Adjektive **verstärken**:

Das sind **sehr** *schöne Hemden.*

... oder **abschwächen**:

Das ist **nur** *ein kleiner Hund.*

▸ Die Verstärkung von Adjektiven, S. 54

Die Stellung der Modaladverbien im Satz

Das Adverb steht am Satzanfang oder in der Satzmitte.
Bei der Negation steht es nach **nicht**.

Wahrscheinlich *ist das Kleid zu teuer.* (Satzanfang).
Die Verkäuferin möchte **sicherlich** *eine Pause machen.* (Satzmitte).
Der Kunde kauft nicht **gern** *hier ein.* (nach nicht).

Die Kausaladverbien

Kausaladverbien stellen logische Verbindungen her. Sie nennen Gründe, Folgen und Einschränkungen oder Bedingungen. Sie können an Stelle einer Konjunktion stehen.

▶ kausale Konjunktionen, S. 122

logische Verknüpfung	Adverb	Beispiel
kausal (Grund)	*deswegen / deshalb / darum / daher*	*David surft jede freie Minute im Internet.* **Deswegen / Deshalb / Darum / Daher** *ist die Rechnung so hoch.*
	nämlich	*Max muss seine Hände waschen. Sie sind* **nämlich** *ganz schmutzig.*
konsekutiv (Folge)	*demnach / folglich / also*	*Die Lösung a stimmt nicht.* **Demnach / Folglich / Also** *muss die Lösung b richtig sein.*
	sonst	*Du musst unbedingt mitspielen.* **Sonst** *verlieren wir gegen diese Mannschaft.*
konzessiv (Einschränkung / Bedingung)	*dennoch*	*Schon wieder stürzte er mit seinen Skiern.* **Dennoch** *gab er nicht auf.*
	allerdings	*Er hat die Aufgabe fehlerfrei gelöst.* **Allerdings** *kannte er sie auch schon.*
	trotzdem	*Draußen ist es kalt.* **Trotzdem** *will ich spazieren gehen.*

Die Stellung der Kausaladverbien im Satz

Kausaladverbien können am Satzanfang oder in der Satzmitte stehen.

Ausnahme: **Nämlich** steht immer in der Satzmitte.

Es ist kalt. **Trotzdem** *möchte er ein Eis essen.* (Satzanfang)
Er möchte **trotzdem** *ein Eis essen.* (Satzmitte)
Beim Italiener schmeckt es **nämlich** *so gut.* (Satzmitte)

Die Pronominaladverbien

Viele Verben, Nomen und Adjektive werden zusammen mit einer festen Präposition gebraucht, der ein Objekt in einem bestimmten Kasus folgt. Häufig ersetzen Pronominaladverbien ein Substantiv mit Präposition, um Wiederholungen zu vermeiden.

Hoffentlich ist bald das Essen fertig. Wir warten schon lange auf das Essen.
▶ *Wir warten schon lange **darauf**.*

Nun hat er mehr Zeit fürs Segeln. Letztes Jahr hatte er kaum Zeit fürs Segeln. ▶ *Letztes Jahr hatte er kaum Zeit **dafür**.*

Häufig weist das Pronominaladverb auch auf einen folgenden Nebensatz mit **dass** oder eine Infinitivkonstruktion mit **zu** hin:

*Ich freue mich sehr **darauf**, dass er bald wieder nach Deutschland kommt. Ich freue mich sehr **darauf**, euch bald wiederzusehen.*

Bei Fragen werden Pronominaladverbien benutzt, die mit **wo-** beginnen (Frageadverbien). Sie stehen auf Position 1 (am Satzbeginn) im Fragesatz.

***Worauf** wartet ihr? – Wir warten auf das Essen.*
***Wofür** hat er nun Zeit? – Er hat nun Zeit fürs Segeln.*
***Wobei** hast du dich verletzt? – Ich habe mich beim Sport verletzt.*

Pronominaladverbien beziehen sich nur auf Dinge oder ganze Aussagen, aber **nie** auf Lebewesen. Wenn von Lebewesen die Rede ist, steht nach der Präposition ein Personalpronomen im geforderten Fall.

Pronominaladverb = Sache	Präposition + Personalpronomen = Person
***Worauf** freust du dich im Urlaub am meisten?*	***Auf wen** freust du dich?*
*Ich freue mich **darauf**, endlich einmal ausschlafen zu können.*	*Auf meinen Vater. Ich freue mich sehr **auf ihn**.*

Die Bildung

Pronominaladverbien werden aus den Adverbien **da** (seltener **hier**) oder **wo** und einer Präposition gebildet. Aufgrund dieser Bildungsweise werden die Pronominaladverbien auch Präpositionaladverbien genannt.

Folgen zwei Vokale aufeinander, wird ein **r** eingeschoben.

Präposition	Pronominaladverb	Kurzform	Frageadverb
an	daran	dran	woran
auf	darauf	drauf	worauf
aus	daraus	draus	woraus
bei	dabei	-	wobei
durch	dadurch	-	wodurch
entlang	da entlang	-	wo entlang
für	dafür	-	wofür
gegen	dagegen	-	wogegen
hinter	dahinter	-	wohinter
in	darin	drin	worin/worein
mit	damit	-	womit
nach	danach	-	wonach
über	darüber	drüber	worüber
von	davon	-	wovon
vor	davor	-	wovor
zu	dazu	-	wozu
zwischen	dazwischen	-	wozwischen

Sonderform: **wegen** ▸ **des**wegen / **wes**wegen

*Ich habe mir einen Kaffeeautomaten gekauft. **Damit** (= mit dem Kaffeeautomaten) kann ich auch Latte Macchiato machen.*

*Morgen gehe ich zu Sarahs Party. Ich freue mich schon sehr **darauf** (= auf die Party). (sich freuen auf + Akkusativ)*

*Morgen ist Feiertag. – **Daran** (= an den Feiertag) habe ich noch gar nicht gedacht. (denken an + Akkusativ)*

*Ich rauche jetzt eine Zigarette. Hat jemand etwas **dagegen** (= gegen das Rauchen)? (etwas haben gegen + Akkusativ = etwas ablehnen)*

DIE MODALPARTIKELN

Modalpartikeln werden vor allem in der gesprochenen Sprache benutzt, um Emotionen oder Haltungen des Sprechers auszudrücken:

Modal-partikel	Beispielsatz	mögliche Sprecherhaltung
aber	*Das ist **aber** nett von Ihnen!*	Überraschung
bloß	*Was mache ich **bloß**?* *Mach das **bloß** nicht!*	in Fragen: Ratlosigkeit in Ausrufen: Warnung
denn	*Wo wohnst du **denn**?*	(freundliche) Nachfrage
eigentlich	*Was willst du **eigentlich**?*	
doch	*Das habe ich mir **doch** gedacht.* *Du wolltest **doch** gestern kommen.* *Hör **doch** zu! Setz dich **doch**!*	Bestätigung von Bekann-tem, stärker als *ja*. Vorwurf Verstärkung einer Auf-forderung (mit leichtem Vorwurf oder höflich!)
eben/halt	*So ist das **eben** / **halt**.*	es ist nicht zu ändern
etwa	*Ist Peter **etwa** schon da?*	In Fragen: Erstaunen
ja	*Du bist **ja** schon da!* *Ich habe es **ja** gewusst.*	Überraschung Bestätigung von Bekann-tem
mal	*Komm **mal** her!*	freundliche Aufforderung
schon	*Ich denke, der Brief wird **schon** wichtig sein.*	Verstärkung einer Ver-mutung
wohl	*Das habe ich **wohl** vergessen.*	Vermutung

Die Stellung im Satz

Die Modalpartikeln stehen nie in Position 1 des Satzes, sondern meis-tens in der Satzmitte.

*Till hat **doch** morgen Hochzeitstag. Hast du das **denn** ganz vergessen?*

 Man kann nach Modalpartikeln nicht fragen und sie verändern sich nicht.

Um fehlerfreie Sätze bilden zu können, muss man wissen, aus welchen Satzgliedern ein Satz besteht. Ein Satzglied kann durch ein einzelnes Wort (a) oder durch mehrere Wörter (b) vertreten sein.

	Wer?	macht was?	wann?	wo?
a	Ich	bin	morgen	da.
b	Meine Schwester und ich	sind	heute Nach-mittag um 17:00 Uhr	beim Augen-arzt in der Hauptstraße.

1. Die Satzglieder

Das **Verb** bildet das Zentrum des Satzes. Es steht fast nie allein.
Die wichtigste Ergänzung ist das **Subjekt:** *Der Vater* badet.
Manche Verben brauchen eine oder mehrere Ergänzungen in einem bestimmten Fall, die **Objekte:** *Der Vater wäscht **seinen Sohn**. / Der Vater gibt **seinem Sohn das Haarshampoo***.

Das Subjekt im Satz

Das Subjekt ist die Nominativergänzung des Verbs. Es beschreibt, **wer** oder **was** etwas tut und kann durch ein Substantiv oder Pronomen vertreten sein.

Irina schwimmt im See.   **Wer?** – **Sie** schwimmt im See.
Der See ist sauber.   **Was?** – **Er** ist sauber.

In Aussagesätzen steht es am Satzanfang, oder in der Satzmitte.

Ich gehe gerne angeln. (Satzanfang)
*Gestern bin **ich** angeln gegangen. Heute gehe **ich** wieder angeln.* (Satzmitte)

Das Subjekt steht normalerweise direkt beim Verb.

Und das Subjekt, gar nicht dumm, tanzt immer um das Verb herum.

LEICHT GEMERKT

Im Frage- oder Befehlssatz ändert sich die Stellung des Subjekts.
▶ Die Satzarten, S. 150 f.

Das Verb im Satz (Prädikat)

Es gibt fast keine Sätze ohne Verb. Das Verb gibt folgende Informationen:

Was **macht** eine Person (oder mehrere)? *Der Vater **wäscht** seinen Sohn.*

Was **geschieht**? *Das Wasser **spritzt** über den Rand der Badewanne.*

Wenn das Verb nur aus einem Teil besteht, steht es in Aussagesätzen an Position 2.

*Der Vater **nimmt** die Seife.*

Wenn das Verb aus mehreren Teilen besteht, steht nur die konjugierte Form an Position 2, die unveränderlichen Formen stehen am Satzende.

Modalverben	*Er*	**will**	*die Seife*	**nehmen.**
trennbare Verben	*Sie*	**hängt**	*die Wäsche*	**auf.**
zusammengesetzte Tempora	*Wir*	**haben**	*das Handtuch*	**gewaschen.**
Konjunktiv II	*Ich*	**würde**	*das Kind*	**ausfahren.**
Passivformen	*Sie*	**wird**	*vom Vater*	**abgeholt.**
Mehrteilige Verben	*Wir*	**gehen**	*heute*	**spazieren.**

Für Imperativ- und Nebensätze gelten zum Teil andere Regeln.
▸ die Satzarten, S. 151 ff.

Die Objekte im Satz

Viele Verben brauchen außer dem Subjekt noch weitere Ergänzungen – die Objekte. Der Kasus des Objekts hängt vom Verb ab:

*Der Vater trocknet **seinen Sohn ab**.* (*abtrocknen* + Akkusativ)
*Die Mutter schaut **ihnen** zu.* (*zuschauen* + Dativ)

In einem Satz kann es auch mehrere Objekte geben:

*Dann zieht er **ihm den Schlafanzug** an.* (Dativ- und Akkusativobjekt)

Es gibt folgende Objekte:

Das Akkusativobjekt (direktes Objekt)

Es steht bei den meisten deutschen Verben.

Thomas badet **seinen Sohn**.	**Wen** badet er?	**seinen Sohn**	baden + Akkusativ
Thomas wäscht **sein Auto**.	**Was** wäscht er?	**sein Auto**	waschen + Akkusativ

Das Dativobjekt (indirektes Objekt)

Es gibt nur eine begrenzte Anzahl Verben, die den Dativ verlangen.
▸ Verben mit Objekten, S. 65 f.

Er möchte **seiner Frau** helfen.	**Wem** will er helfen?	**seiner Frau**	helfen + Dativ

Die Stellung des Akkusativ- und Dativobjekts im Satz:

Das Akkusativ- und das Dativobjekt können am Satzanfang stehen. Diese Stellung ist jedoch selten und wird nur verwendet, wenn das Objekt betont werden soll:

***Diesen Käse** mag ich nicht.* (Akkusativ)
***Dem Mann** am Nebentisch schmeckt der Käse aber.* (Dativ)

Normalerweise stehen das Akkusativ- und das Dativobjekt in der Satzmitte:

*Ich möchte lieber **einen anderen** Käse essen.* (Akkusativ)
*Dieser Käse schmeckt **mir** nicht.* (Dativ)

Wenn es in einem Satz ein Akkusativ- und ein Dativobjekt gibt, gelten folgende Regeln:

1. Wenn beide Objekte Substantive sind, steht der Dativ vor dem Akkusativ:

    *Ich habe der Frau (Dativ) **mein Auto** (Akkusativ) geschenkt.*

2. Wenn eins der Objekte ein Pronomen ist, steht es vor dem Substantiv:

*Ich habe **es der Frau** geschenkt.* (Pronomen im Akkusativ vor Substantiv im Dativ)
*Ich habe **ihr mein Auto** geschenkt.* (Pronomen im Dativ vor Substantiv im Akkusativ)

3. Wenn beide Objekte Pronomen sind, steht der Akkusativ vor dem Dativ:

*Ich habe **es** (Akkusativ) **ihr** (Dativ) geschenkt.*

Sie können sich die Stellungsregeln auch folgendermaßen merken:

- nur Substantive: **Person vor Sache** (**P** vor **S** wie im Alphabet).
- mindestens ein Pronomen: **kurz vor lang** (**K** vor **L** wie im Alphabet).

Diese Regel gilt auch bei zwei Pronomen, da:

- die Akkusativpronomen alle einsilbig, also kurz sind (***mich, ... Sie***)
- ein Dativpronomen zweisilbig ist: ***Ihnen***

Das Präpositionalobjekt

Manche Verben treten fast immer mit einer Präposition auf. Die Präposition bestimmt den Kasus, z. B. *warten auf, hoffen auf, sich freuen über/ auf ..., etwas legen auf/in/vor ...* ▸ S. 124 ff.

Objekt mit Präposition im Dativ	*Ich fürchte mich vor Spinnen.*
Objekt mit Präposition im Akkusativ	*Ich denke an dich.*

Die Stellung der Präpositionalobjekte im Satz

Präpositionalobjekte stehen meistens am Ende der Satzmitte.
Bei mehrteiligen Verben steht das Präpositionalobjekt vor dem zweiten Verbteil. Am Satzanfang steht ein Präpositionalobjekt nur, wenn es betont werden soll:

*Susanne denkt jeden Abend **an ihn**.*
*Auch gestern hat sie wieder **an ihn** gedacht.*
***An uns** denkt sie wohl nie.*

Die adverbialen Angaben im Satz

Nach den adverbialen Angaben erkundigt man sich mit unterschiedlichen Fragewörtern, z. B. **wann?, warum?, wie?, wo?, wohin?**
Die Stellung folgt keinen festen Regeln. Meist werden die Satzglieder folgendermaßen angeordnet:

Pos. 1	Pos. 2	wann? (temporal)	warum? (kausal)	wie? (modal)	wo(hin)? (lokal)
Susanne	*fuhr*	*heute Morgen*	*wegen ihres kranken Fußes*	*mit dem Taxi*	*zum Arzt.*

Wenn auch noch ein Dativ- und ein Akkusativobjekt im Satz stehen, gilt meist folgende Satzstellung:

1	2	wem?	wann?	warum?	wie?	was?	wohin?
Er	*gab*	*seiner Freundin*	*gestern Abend*	*zum Abschied*	*schnell*	*noch einen Kuss*	*auf den Mund.*

Folgendes Merkwort gibt einen Hinweis auf die Satzstellung der adverbialen Angaben:

TEKAMOLO (**te**mporal – **ka**usal – **mo**dal – **lo**kal)

Wenn noch Akkusativ- und Dativobjekte im Satz stehen, muss man noch zwei Silben in das Merkwort einfügen:

<u>**DA**</u> **TEKAMO<u>AK</u>LO**

Adverbiale Angaben stehen häufig am Satzanfang. Das Subjekt rutscht dann hinter das Verb. Diese Satzstellung ist aus folgendem Grund so beliebt:

1. Aus stilistischen Gründen vermeidet man, Sätze immer mit dem Subjekt anzufangen:

   <u>*Sabine*</u> *kommt.* <u>*Peter*</u> *kommt auch.* **Vermutlich** *kommen sie zusammen.*
   (besser als: <u>*Sie*</u> *kommen vermutlich zusammen.* Hier wäre zum dritten Mal hintereinander das Subjekt am Satzanfang.)

2. Die Satzmitte lässt sich dadurch entzerren:

Er gab seiner Freundin gestern Abend zum Abschied schnell noch einen Kuss auf den Mund. (s.o.)
besser: **Zum Abschied** *gab er seiner Freundin gestern Abend schnell noch einen Kuss auf den Mund.*
oder: **Schnell** *gab er seiner Freundin zum gestern Abend zum Abschied noch einen Kuss auf den Mund.*

3. Logische Verknüpfungen werden so deutlicher:

Ich fahre morgen nach Berlin. Ich bin bis Freitag dort. Ich bin erst am nächsten Montag im Büro zu erreichen.
besser: **Morgen** *fahre ich nach Berlin.* **Dort** *bin ich bis Freitag.* **Im Büro** *bin ich erst nächsten Montag zu erreichen.* (Betonung des Ortes)
Oder: **Morgen** *fahre ich nach Berlin.* **Bis Freitag** *bin ich dort.* **Erst am nächsten Montag** *bin ich im Büro zu erreichen.* (Betonung der Zeit)

2. Die Satzarten

Man unterscheidet verschiedene Satzarten. Je nach Satzart nimmt das Verb unterschiedliche Positionen ein.

Der Hauptsatz

Zu den Hauptsätzen werden folgende Satzarten gezählt:

- Aussagesätze mit einem **.** am Ende
- Fragesätze mit einem **?** am Ende
- Imperativsätze mit einem **!** am Ende.

Der Aussagesatz

Positionen im Satz:

Satzanfang (Position 1): Subjekt / Adverbiale Angabe
Position 2: Hier steht die konjugierte Form des Verbs

Die Elemente der Satzmitte:

- **Das Subjekt**: Wenn das Subjekt nicht auf Position 1 steht, steht es immer direkt hinter dem Verb. ▸ Das Subjekt im Satz, S. 143

- **Adverbiale Angaben**: Sie stehen oft zwischen zwei Objekten. Zur Reihenfolge siehe ▸ „Leicht gemerkt", S. 149

- **Objekte**: ▸ Objekte im Satz, S. 144 ff.

- **präpositionale Objekte**: Sie stehen meist weit hinten in der Satzmitte. ▸ S. 146 f.

Satzende: hier steht bei mehrteiligen Verben der unveränderliche Verbteil.

▸ Das Verb, S. 64

Auch wenn das Subjekt immer an Position 1 stehen kann:

Aus stilistischen Gründen steht das Subjekt nicht mehr als zweimal hintereinander am Satzanfang.

Besser ist es, adverbiale Angaben an den Satzanfang zu stellen.
▸ Adverbiale Angaben im Satz, S. 147

LEICHT GEMERKT

Negation im Satz

Bei der Verneinung mit *nicht* ist folgendes zu beachten:

1. Wenn *nicht* den ganzen Satz verneint, steht es am Satzende, aber vor dem zweiten Verbteil.

   *Andreas kommt heute **nicht**.*
   *Andreas ist heute **nicht** gekommen.*

2. Wenn nur ein Satzglied verneint wird, steht *nicht* unmittelbar davor. Dies gilt vor allem dann, wenn anschließend noch genauere Informationen folgen:

   *Andreas kommt heute **nicht** mit dem Fahrrad, <u>sondern</u> mit dem Auto.*
   *Andreas kommt **nicht** heute, <u>sondern</u> erst morgen.*

Der Fragesatz

Man unterscheidet:

W-Fragen (Ergänzungsfragen)
Sie beginnen mit einem Fragewort: ***wann, warum, weshalb, wieso ...***
***Warum** bist du so müde?*

Unter Umständen steht vor dem Fragewort noch eine Präposition.
***Seit wann** bist du in Deutschland?*

Satzstellung

An Position 1 steht das Fragewort (mit Präposition), das Verb steht auf
Position 2. Das Subjekt steht hinter dem Verb.

Position 1 Fragewort	Position 2 Verb	Satzmitte	Satzende
Was	*machst*	*du?*	
Wo	*findet*	*die Prüfung*	*statt?*
Mit wem	*hast*	*du*	*gesprochen?*

Ja-/Nein-Fragen (Entscheidungsfragen)
Sie enthalten kein Fragewort.
Bist du allein?

Auf diese Frage antwortet man mit ***ja**, **nein*** oder ***doch***. Es gibt folgende
Antwortmöglichkeiten:

1. Bei einer Frage ohne Verneinung:

Haben Sie ein eigenes Haus?	
positive Antwort: **Ja**. *(Ich habe ein eigenes Haus.)*	negative Antwort: **Nein**, *ich habe kein eigenes Haus.*

2. Bei einer Frage mit Verneinung:

*Haben Sie **kein** eigenes Haus?*	
positive Antwort: **Doch**. *(Ich habe ein eigenes Haus.)*	negative Antwort: **Nein**, *ich habe kein eigenes Haus.*
*Kommst du morgen **nicht**?*	
positive Antwort: **Doch**. *(Ich komme)*	negative Antwort: **Nein**. *(Ich komme nicht.)*

Satzstellung

Das konjugierte Verb steht bei Ja-/Nein-Fragen am Satzanfang, danach folgt das Subjekt.

Verb	Satzmitte	Satzende
Nimmst	*du die Tasche*	*mit?*
Kommt	*ihr nach Feierabend mit ins Kino?*	
Hast	*du Max heute schon*	*gesehen?*

Eine Frage kann auch in einem Nebensatz formuliert sein.
▸ Der Nebensatz, S. 152

Der Imperativsatz

Imperativsätze sind Sätze, die freundlich bitten, warnen, befehlen oder etwas verbieten. ▸ Der Imperativ, S. 102 f.

Satzstellung

Das Verb steht im Imperativsatz am Satzanfang.

Die Höflichkeitsform braucht die Nominativergänzung *Sie*. *Sie* steht nach dem Verb. *Bitte* kann an unterschiedlichen Stellen im Satz stehen:

Satzanfang	Satzmitte	Satzende
Geh	*hier*	*weg!*
Bitte	*geh*	*hier weg!*
Geh	*bitte*	*hier weg!*
Bitte kommt	*doch*	*mit!*
Kommt doch	*bitte*	*mit!*
Kommen	*Sie*	*bitte!*
Bitte	*kommen*	*Sie!*

Das Verb kann also im Hauptsatz an zwei verschiedenen Stellen stehen:

- **Position 2**: Aussagesätze und W-Fragen
- **Position 1**: Ja/Nein-Fragen und Imperativsätze.

LEICHT GEMERKT

3. Hauptsatzkombinationen

Hauptsätze können durch nebenordnende Konjunktionen miteinander verbunden werden. Die Konjunktionen *aber*, *denn*, *und*, *sondern* und *oder* verbinden zwei Hautsätze miteinander, ohne dass sich die Satzstellung in den Hauptsätzen ändern würde (keine Inversion).

Alle übrigen Konjunktionen verhalten sich wie Adverbien. Das Subjekt rutscht hinter das Verb (Inversion). ▸ Konjunktionen, S. 148 ff.

Die Positionen im Satz

Satzstellung	Hauptsatz 1	Konjunktion / Adverb	Hauptsatz 2
ohne Inversion	*Ich bin müde*	*und*	*ich habe Hunger.*
mit Inversion	*Ich bin müde,*	*außerdem*	*habe ich Hunger.*

4. Nebensätze

Nebensätze haben einen anderen Satzaufbau als Hauptsätze. Sie können nicht allein stehen. Durch eine unterordnende Konjunktion, auch **Subjunktion** genannt, werden sie mit einem Hauptsatz verbunden. Zwischen Haupt- und Nebensatz steht ein Komma.

Die Positionen im Nebensatz

Allgemeine Regeln:

- Das konjugierte Verb steht am Satzende:
  *Ich denke, dass sie **kommt**.*
- Bei den zusammengesetzten Zeiten steht das Hilfsverb nach der unveränderlichen Form am Satzende:
  *Ich frage mich, ob er heute Morgen **eingekauft hat**. Ich glaube fest daran, dass er es **schaffen wird**.*
- Trennbare Verben werden **nicht** getrennt!
  *Ich kann jetzt nicht, weil ich **abwasche**.*
- Bei Modalverben: Das Modalverb steht am Satzende:
  *Ich weiß, dass er mich **abholen will**.*
  Im Perfekt, Plusquamperfekt und Futur I steht das konjugierte Hilfsverb vor den anderen Verbteilen. *Ich weiß, warum das Unglück **hat/hatte/wird kommen müssen**.*
- Die Elemente der Satzmitte sind wie im Hauptsatz geordnet. ▸ S. 139 f.

Nebensätze werden durch verschiedene Wortarten eingeleitet:

- durch Konjunktionen: *Marie isst viel, **weil** sie wächst.*
- durch ein Fragewort: *Ich weiß, **warum** sie so viel isst.*
- durch ein Relativpronomen: *Heute kommt die Vertreterin, **die** so interessante Bücher hat.*

Konjunktionale Nebensätze

dass, ob, weil, wenn: Die Nebensätze werden durch eine Subjunktion eingeleitet. ▸ unterordnende Konjunktionen, S. 120 ff.

Nebensätze kann man in Gruppen einteilen:

Kausale Nebensätze

Sie geben einen Grund für ein Geschehen im Hauptsatz an.

***Da** so viele Schüler krank waren,*	*fiel der Ausflug aus.*
Die Schule fiel aus,	***weil** es so heiß war.*

Finale Nebensätze

Sie geben einen Zweck, ein Ziel oder eine Absicht an.

Wir sind umgezogen, ***damit** die Kinder mehr Platz haben.*

Wenn das Subjekt in Haupt- und Nebensatz identisch ist, verwendet man häufig ***um ... zu* + Infinitiv**. Der Infinitiv steht am Satzende.

Ich esse täglich Obst, ***um** gesund **zu bleiben**.*

▸ Infinitivsätze mit **zu**, S. 156 f.

Temporale Nebensätze

In temporalen Nebensätzen werden Zeitverhältnisse ausgedrückt.

Gleichzeitigkeit – Mehrere Handlungen geschehen zur selben Zeit.

während	***Während** es regnete,*	*blieben wir im Café.*
solange	***Solange** du Fieber hast,*	*solltest du im Bett bleiben.*
als	***Als** wir losgingen,*	*schliefst du noch.*
wenn	***Wenn** ich arbeite,*	*brauche ich Ruhe.*
	***Wenn** du müde wirst,*	*geh ins Bett.*

Zur Unterscheidung von **wenn** und **als** ▸ S. 122

Vorzeitigkeit – Das Geschehen des Nebensatzes geht dem Hauptsatz zeitlich voraus. Das Tempus im Nebensatz liegt vor dem Tempus des Hauptsatzes.

nachdem
Wenn der Hauptsatz im Präsens steht (1), steht der Nebensatz im Perfekt. Wenn der Hauptsatz hingegen in der Vergangenheit steht (2), steht der Nebensatz im Plusquamperfekt.

1) ***Nachdem*** *du die Prüfung geschafft hast,*   *kannst du dich an der Fachschule bewerben.*

2) ***Nachdem*** *er Tennis gespielt hatte,*   *ist er gleich nach Hause gegangen./ ging er gleich nach Hause.*

seit/seitdem
Wenn die Handlung im Nebensatz bis in die Gegenwart andauert: Präsens (1). Wenn die Handlung im Nebensatz hingegen einmalig in der Vergangenheit stattfand: Perfekt oder Präteritum.

Seitdem *er raucht,*   *sind die Gardinen grau.*
Seit *er mit dem Rauchen gehört hat,*   *fühlt er sich viel besser.*

Nachzeitigkeit – Die Handlung des Nebensatzes liegt zeitlich nach der des Hauptsatzes. Das Tempus in Haupt- und Nebensatz ist meistens dasselbe.

Wir müssen/mussten die Katze noch füttern,   ***bevor*** *wir losfahren/losfuhren.*

Ehe *es dunkel wird/wurde,*   *müsst/musstet ihr zu Hause sein.*
Ich warte/wartete,   ***bis*** *du fertig bist/warst.*

Konditionale Nebensätze

Die Nebensätze drücken eine Bedingung aus. Im Hauptsatz steht die Konsequenz.

Wenn *du nicht aufhörst,*   *werde ich sauer.*
Falls *du Zeit hast,*   *kannst du den Wasserhahn reparieren.*

Konzessive Nebensätze

Die Aussage des Nebensatzes steht im Widerspruch zum Hauptsatz.

Obwohl *ich müde bin,*   *kann ich nicht schlafen.*

Konsekutive Nebensätze

Sie drücken die Folge einer Handlung oder eines Zustands aus.

Er kam viel zu spät,   **so dass** *der Film fast vorbei war.*
Er kam so viel zu spät,   **dass** *der Film fast vorbei war.*

Komparative Nebensätze

Diese Sätze drücken einen Vergleich aus. Bei **als ob** – steht im Nebensatz der Konjunktiv II!

Es kommt mir vor,   **als ob** *ich dicker geworden wäre.*
Sie ist **so** *groß,*   **wie** *ihr Bruder einmal werden will.*

Indirekte Fragesätze

Indirekte Fragesätze entstehen, wenn eine Frage durch einen Hauptsatz mit einem Verb des Sagens oder Denkens eingeleitet wird. Folgende Unterscheidung ist wichtig:

1. Wenn die direkte Frage eine Ja/Nein-Fragen ist, wird die indirekte Frage durch **ob** eingeleitet.
2. Wenn die direkte Frage eine W-Frage ist, wird das **W-Fragewort** in die indirekte Frage übernommen.

direkte Frage	**indirekte Frage**
1. *Kommt er zur Party?*	*Ich weiß nicht,* **ob** *er zur Party kommt.*
2. **Wie** *geht es ihm?*	*Ich frage mich,* **wie** *es ihm geht.*

Kombinationen aus Haupt- und Nebensatz

Wenn der Nebensatz auf den Hauptsatz folgt, steht das Verb im Hauptsatz auf Position 2 und im Nebensatz am Satzende.

Hauptsatz				Nebensatz		
Subjekt	Verb	Satzmitte	Satzende	Sub-junktion	Satzmitte	Satzende
Wir	**waren**	*am Strand,*		*als*	*der Sturm*	**kam.**

Wenn der Hauptsatz auf den Nebensatz folgt, fängt der Hauptsatz mit dem Verb an. Das Subjekt tritt dahinter. An der Grenze zwischen Haupt- und Nebensatz treffen also zwei konjugierte Verben aufeinander, die nur durch ein Komma getrennt werden.

Nebensatz			Hauptsatz		
Sub-junktion	Satzmitte	Satzende	Verb	Satzmitte	Satzende
Da	*es heute*	**regnet,**	**nehme**	**ich** *den Schirm*	*mit.*

Wenn der Nebensatz vor dem Hauptsatz steht, ist er fast ein Teil vom Hauptsatz. **Der Nebensatz besetzt also die Position 1**, danach folgt das Verb des Hauptsatzes, dann das Subjekt:

vorgestellter Nebensatz = Position 1	Verb = Position 2	Subjekt (Inversion, da Pos. 1 besetzt)	Satzmitte	Satzende
Da es heute regnet,	*nehme*	*ich*	*den Schirm*	*mit.*

LEICHT GEMERKT

Infinitivsätze mit *zu* (erweiterte Infinitive)

Infinitivsätze stehen

- nach bestimmten Ausdrücken mit **es**.
  ***Es war schön**, dich wiederzusehen.*
  ***Es ist verboten**, im Bahnhof zu rauchen.*
  ***Es hat keinen Sinn**, noch länger auf sie zu warten.*

- Nach bestimmten Substantiven + **haben**, wenn das Subjekt im Haupt- und Infinitivsatz identisch ist:
  *Ich **habe** keine **Zeit**, etwas zu kochen.*
  ***Habt** ihr **Lust**, ins Kino zu gehen?*

Die Teile *ohne, um, (an)statt* stehen am Anfang des Infinitivsatzes. Oft steht die Infinitivkonstruktion auch vor dem Hauptsatz.

*Er verließ den Raum, **ohne** sich zu verabschieden.*
***Um** die Aufgabe lösen **zu** können, musst du den Text genau lesen.*
***Anstatt** uns **zu** helfen, ging Thomas spazieren.*

Relativsätze

Diese Nebensätze werden durch ein Relativpronomen eingeleitet.
▸ S. 38 f. Sie beziehen sich auf das Subjekt, ein Objekt oder auf eine adverbiale Angabe im Hauptsatz. Im Relativsatz werden zu diesem Satzteil weitere Informationen gegeben.

Vor dem Relativpronomen kann eine Präposition stehen, wenn das Verb des Relativsatzes es erfordert.

Hauptsatz	Relativpronomen	Satzmitte	Satzende
Das ist Ralf,	*der*	*sehr gut schwimmen*	*kann.*
Kennst du die Frau,	*die*	*dort*	*steht?*
Das ist Klaus,	*mit dem*	*ich im Urlaub*	*war.*

Relativsätze werden oft in einen Hauptsatz eingeschoben:

*Herr Müller, **der gern Bier trinkt**, hat schon eine rote Nase.*
▸ Relativpronomen, S. 38 f.

GRAMMATISCHE VARIANTEN DES STANDARD-SPRACHGEBRAUCHS IN ÖSTERREICH UND DER SCHWEIZ

Das Deutsch, das in Deutschland, in Österreich und der Schweiz gesprochen wird, ist keineswegs einheitlich. Es gibt zum Teil große Unterschiede in den Bereichen Aussprache, Wortschatz und Grammatik. Einige grammatische Besonderheiten aus dem Österreichischen Deutsch und dem Schweizerdeutschen, die teilweise auch im süddeutschen Sprachraum sehr verbreitet sind, sollen hier vorgestellt werden.

1. Das Perfekt von *hängen*, *knien*, *liegen*, *reiten*, *schwimmen*, *sitzen* und *stehen* wird mit *sein* gebildet:
   *Ich **bin** im Kino **gesessen**.*

2. Manche Verben stehen mit anderen Fällen oder Präpositionen:

Österreichisches Deutsch / Schweizerdeutsch	Standardhochdeutsch
*Sport nützt **die** Gesundheit.*	*Sport nützt **der** Gesundheit.*
*Vergiss nicht **auf** dein Versprechen!*	*Vergiss dein Versprechen nicht!*
*Er hat ihr eine Kette **um** 200 € gekauft.*	*Er hat ihr eine Kette **für** 200 € gekauft.*

3. Es gibt Unterschiede im Genus:

***der** Butter*, ***der** Polster*, ***der** Kilo*	***die** Butter*, ***das** Polster*, ***das** Kilo*

4. Im Österreichischen häufige Bildungen mit Umlaut:

*die B**ö**gen, die W**ä**gen, eisenh**ä**ltig, dreif**ä**rbig*	*die B**o**gen, die W**a**gen, eisenh**a**ltig, dreif**a**rbig*

5. Es gibt besondere Suffixe:
   Österreichisch: -**er**, -**ler**, -**ner -erl, -el**
   Schweizerdeutsch: -**li**

*ein Sechs**er**, ein Tax**ler**/Ausbild**ner***	*eine Sechs, ein Taxifahrer/Ausbilder*
*das Sack**erl**, das Würs**tel***	*das Säck**chen**, das Würst**chen***
*das Päck**li**, das Guetz**li***	*das Päck**chen**, das Plätz**chen***

6. Anderer Gebrauch der Fugenelemente bei Komposita:

Aufnahmsprüfung, Rindsbraten	*Aufnahm**e**prüfung, Rind**er**braten*
Badanzug, Visitkarte	*Bad**e**anzug, Visit**en**karte*

7. Verwendung anderer Grund- und Bestimmungswörter bei Komposita:

***Dienst**geber, **Dienst**nehmer, **Nas**tuch*	***Arbeit**geber, **Arbeit**nehmer, **Taschen**tuch*
*sich aus**rasten***	*sich aus**ruhen***

Unregelmäßige Verben

Infinitiv	Präteritum 3. Person Singular	Partizip II
befehlen	befahl	befohlen
beginnen	begann	begonnen
behalten	behielt	behalten
beißen	biss	gebissen
bekommen	bekam	bekommen
belügen	belog	belogen
beraten	beriet	beraten
beschließen	beschloss	beschlossen
beschreiben	beschrieb	beschrieben
besitzen	besaß	besessen
bestehen	bestand	bestanden
betragen	betrug	betragen
betrügen	betrog	betrogen
beweisen	bewies	bewiesen
bewerben	bewarb	beworben
beziehen	bezog	bezogen
biegen	bog	gebogen
bieten	bot	geboten
binden	band	gebunden
bitten	bat	gebeten
blasen	blies	geblasen
bleiben	blieb	ist geblieben
braten	briet	gebraten
brechen	brach	hat/ist gebrochen
brennen	brannte	gebrannt
bringen	brachte	gebracht
denken	dachte	gedacht
dringen	drang	ist gedrungen
dürfen	durfte	dürfen/gedurft Modalverb/ Vollverb
enthalten	enthielt	enthalten
entlassen	entließ	entlassen
empfehlen	empfahl	empfohlen
entscheiden	entschied	entschieden
entschließen	entschloss	entschlossen
entsprechen	entsprach	entsprochen

Infinitiv	Präteritum 3. Person Singular	Partizip II
entstehen	entstand	ist entstanden
erfahren	erfuhr	erfahren
erfinden	erfand	erfunden
erhalten	erhielt	erhalten
erkennen	erkannte	erkannt
erscheinen	erschien	ist erschienen
erschrecken	erschrak	ist erschrocken
erziehen	erzog	erzogen
essen	aß	gegessen
fahren	fuhr	ist gefahren
fallen	fiel	ist gefallen
fangen	fing	gefangen
finden	fand	gefunden
fliegen	flog	ist geflogen
fliehen	floh	ist geflohen
fließen	floss	ist geflossen
fressen	fraß	gefressen
frieren	fror	hat/ist gefroren
geboren werden	wurde geboren	ist geboren worden
geben	gab	gegeben
gefallen	gefiel	gefallen
gehen	ging	ist gegangen
gelingen	gelang	ist gelungen
gelten	galt	gegolten
genießen	genoss	genossen
geraten	geriet	ist geraten
geschehen	geschah	ist geschehen
gewinnen	gewann	gewonnen
gießen	goss	gegossen
gleiten	glitt	ist geglitten
graben	grub	gegraben
greifen	griff	gegriffen
haben	hatte	gehabt
halten	hielt	gehalten
hängen	hing	gehangen

Infinitiv	Präteritum 3. Person Singular	Partizip II
hauen	haute (hieb)	gehauen
heben	hob	gehoben
heißen	hieß	geheißen
helfen	half	geholfen
kennen	kannte	gekannt
klingen	klang	geklungen
kommen	kam	ist gekommen
können	konnte	können/ gekonnt Modalverb/ Vollverb
laden	lud	geladen
laufen	lief	ist gelaufen
lassen	ließ	lassen/ gelassen Modalverb/ Vollverb
leiden	litt	gelitten
leihen	lieh	geliehen
lesen	las	gelesen
liegen	lag	gelegen
lügen	log	gelogen
mahlen	mahlte	gemahlen
meiden	mied	gemieden
melken	melkte	gemelkt (gemolken)
messen	maß	gemessen
misslingen	misslang	ist misslungen
missverstehen	missverstand	missverstanden
mögen	mochte	mögen/ gemocht
müssen	musste	müssen/ gemusst Modalverb/ Vollverb
nehmen	nahm	genommen
nennen	nannte	genannt
pfeifen	pfiff	gepfiffen
raten	riet	geraten
reiben	rieb	gerieben
reißen	riss	gerissen

Infinitiv	Präteritum 3. Person Singular	Partizip II
reiten	ritt	hat/ist geritten
rennen	rannte	ist gerannt
riechen	roch	gerochen
rufen	rief	gerufen
salzen	salzte	gesalzt (gesalzen)
saufen	soff	gesoffen
saugen	saugte[1]/ sog	gesaugt / gesogen
schaffen	schuf/ schaffte[2]	geschaffen/ geschafft
scheinen	schien	geschienen
schieben	schob	geschoben
schießen	schoss	geschossen
schlafen	schlief	geschlafen
schlagen	schlug	geschlagen
schleifen	schliff/ schleifte	geschliffen/ geschleift
schließen	schloss	geschlossen
schmeißen	schmiss	geschmissen
schmelzen	schmolz	hat/ist geschmolzen
schneiden	schnitt	geschnitten
schreiben	schrieb	geschrieben
schreien	schrie	geschrien
schweigen	schwieg	geschwiegen
schwimmen	schwamm	hat/ist geschwommen
schwören	schwor	geschworen
sehen	sah	gesehen
sein	war	ist gewesen
senden	sandte/ sendete[3]	gesandt / gesendet
singen	sang	gesungen
sinken	sank	ist gesunken
sitzen	saß	gesessen
sprechen	sprach	gesprochen
springen	sprang	ist gesprungen
stechen	stach	gestochen
stehen	stand	gestanden

Infinitiv	Präteritum 3. Person Singular	Partizip II
stehlen	stahl	gestohlen
steigen	stieg	ist gestiegen
sterben	starb	ist gestorben
stoßen	stieß	gestoßen
streichen	strich	gestrichen
streiten	stritt	gestritten
tragen	trug	getragen
treffen	traf	getroffen
treiben	trieb	getrieben
treten	trat	getreten
trinken	trank	getrunken
tun	tat	getan
überweisen	überwies	überwiesen
unterhalten	unterhielt	unterhalten
unterscheiden	unterschied	unterschieden
unterschreiben	unterschrieb	unterschrieben
verbieten	verbot	verboten
verbinden	verband	verbunden
verbringen	verbrachte	verbracht
vergessen	vergaß	vergessen
vergleichen	verglich	verglichen
verhalten	verhielt	verhalten
verlassen	verließ	verlassen
verlieren	verlor	verloren

Infinitiv	Präteritum 3. Person Singular	Partizip II
verraten	verriet	verraten
verschreiben	verschrieb	verschrieben
verschwinden	verschwand	ist verschwunden
versprechen	versprach	versprochen
verstehen	verstand	verstanden
vertreten	vertrat	vertreten
verzeihen	verzieh	verziehen
wachsen	wuchs	ist gewachsen
waschen	wusch	gewaschen
wenden	wendete/ wandte	gewendet/ gewandt
werben	warb	geworben
werden	wurde	ist worden/ geworden
werfen	warf	geworfen
wiegen	wog/ wiegte[5]	gewogen/ gewiegt
winken	winkte	gewinkt
wissen	wusste	gewusst
wollen	wollte	wollen/ gewollt Modalverb/ Vollverb
ziehen	zog	gezogen
zwingen	zwang	gezwungen

[1] *saugte* nur im technischen Sinne

[2] *schuf* = schöpferisch hervorbringen; *schaffte* = vollbringen, arbeiten

[3] *sandte* = verschicken (Post); *sendete* = ausstrahlen (TV etc.)

[4] *wandte* nur refl. Gebrauch

[5] *wog* = Gewicht feststellen; *wiegte* = schaukeln

Verben mit Präpositionen

an + Dat.	jdn. erkennen an leiden an sterben an teilnehmen an	*Ich habe ihn an seinen Haaren erkannt.* *Er litt an einer seltenen Krankheit.* *Schließlich starb er an dieser Krankheit.* *Er nahm an der Versammlung teil.*
an + Akk.	denken an sich / jdn. erinnern an sich gewöhnen an glauben an schreiben an	*Denk an deinen Termin!* *Kannst du mich an den Termin erinnern?* *An den Lärm habe ich mich gewöhnt.* *Er glaubt an das Gute im Menschen.* *Er schrieb an die Zeitung.*
auf + Akk.	sich freuen auf warten auf sich vorbereiten auf achten auf aufpassen auf sich beziehen auf sich konzentrieren auf sich verlassen auf verzichten auf	*Ich freue mich auf Euren Besuch!* *Warte auf mich!* *Auf den Test muss man sich vorbereiten.* *Ich habe nicht auf den Weg geachtet.* *Wer passt auf die Kinder auf?* *Ich beziehe mich auf Ihr Schreiben vom ...* *Sei leise. Ich muss mich auf die Arbeit konzentrieren.* *Kann ich mich auf Dich verlassen?* *Auf meinen Kaffee will ich nicht verzichten.*
bei + Dat.	sich bedanken bei sich beschweren bei sich entschuldigen sich erkundigen	*Wir möchten uns bei all unseren Gästen für die vielen Glückwünsche bedanken.* *Beschweren Sie sich beim Chef.* *Du musst Dich bei ihm entschuldigen!* *Er erkundigte sich bei der Bank nach den besten Krediten.*
für + Akk.	jdm. danken für sich eignen für sich entscheiden für sich entschuldigen für jdn. halten für sich interessieren für sorgen für	*Ich danke für Ihre Aufmerksamkeit.* *Ich eigne mich nicht für diesen Job.* *Wir haben uns für einen Kredit bei der Sparkasse entschieden.* *Ich muss mich bei Ihnen für dieses Missgeschick entschuldigen.* *Alle halten ihn für ein Genie.* *Ich interessiere mich für die ausgeschriebene Stelle.* *Wir sorgen für die Getränke.*

gegen + Akk.	kämpfen gegen protestieren gegen stimmen gegen	*Er kämpfte gegen das Apartheid-Regime.* *Wir protestierten gegen das Verbot.* *Fast niemand hat gegen diesen Vorschlag gestimmt.*
in + Akk.	geraten in sich verlieben in sich verwandeln in	*Ich bin in eine ganz unangenehme Situation geraten.* *Sie hat sich gleich in ihn verliebt.* *Der Frosch verwandelte sich in einen Prinzen.*
mit + Dat.	anfangen mit aufhören mit sich beschäftigen mit sprechen mit streiten mit sich unterhalten mit	*Wir haben mit den Übungen angefangen.* *Er hat mit dem Rauchen aufgehört.* *Ich beschäftige mich schon seit langem mit diesem Thema.* *Ich habe schon mit ihr gesprochen.* *Immer streiten sie mit den Nachbarn.* *Wir haben uns mit unseren Freunden über den nächsten Urlaub unterhalten.*
nach + Dat.	sich erkundigen nach jdn. fragen nach riechen nach schmecken nach	*Ich habe mich nach einer Fortbildung erkundigt.* *Der Tourist fragt nach dem Weg.* *Hier riecht es nach geröstetem Kaffee.* *Das schmeckt nach frischem Knoblauch.*
über + Akk.	sich ärgern über sich aufregen über berichten über sich beschweren über denken über sich freuen über sich informieren über klagen über lachen über nachdenken über schreiben über sprechen über	*Ärgere dich nicht mehr über diesen Fehler.* *Über so eine Unverschämtheit kann ich mich wirklich aufregen.* *Er hat lange über seine Reise berichtet.* *Er hat sich über ihn beschwert.* *Wie denkst du über dieses Problem?* *Ich habe mich sehr über das Geschenk gefreut.* *Ich möchte mich über Ihre Kursangebote informieren.* *Er klagt oft über seine Rückenschmerzen.* *Über diesen Witz muss ich immer lachen.* *Ich habe über seine Worte nachgedacht.* *Die Zeitung hat heute erst über dieses Ereignis geschrieben.* *Wir haben lange über dieses Problem gesprochen.*

ERKLÄRUNGEN WICHTIGER GRAMMATIKBEGRIFFE

A

Abkürzung
Kurzform, die nur in der Schriftsprache verwendet und in der mündlichen Rede vollständig ausgesprochen wird. (siehe auch ▸ Kurzwort)
sog., usw., z. B.

Ablaut
Wechsel des Vokals in einem ▸ Wortstamm.
binden – band – gebunden; der Baum, die Bäume

Ableitung (Derivation)
Bildung von Wörtern durch Anhängen von ▸ Präfixen und ▸ Suffixen und anderen Wortendungen an einen Wortstamm.
ableiten – Umleitung; machbar – ausmachen

Adjektiv (Eigenschaftswort, Wiewort)
Wortart, die beschreibt, wie etwas beschaffen ist.
bunt, klein, schön, täglich, winzig

Adjektivadverb
Adjektiv, das undekliniert als ▸ Adverb benutzt wird.
Er lügt schlecht. Das habt ihr gut gemacht!

Adjektivattribut
Adjektiv, das als ▸ Attribut zu einem Nomen benutzt wird.
der neue Mitarbeiter; die gestern noch grünen Äpfel

Adverb (Umstandswort)
nicht flektierbare Wortart (▸ Flexion).
Adverbien beschreiben die Umstände einer Handlung oder eines Geschehens.
schon, hier, gern, deshalb

Adverbial (Adverbiale, adverbiale Bestimmung, Umstandsbestimmung)
ein ▸ Satzglied, das die Umstände (örtlich, zeitlich, Art und Weise, Ursache) beschreibt, unter denen eine Handlung geschieht.
Unter diesen Umständen stimme ich zu.
Morgen treffen wir uns in der Bibliothek.

Akkusativ
4. Fall, Wen-Fall (▸ Kasus).
Sie fällen den Baum. Das stört mich sehr.

Aktiv
Die Aktivformen des Verbs stellen die handelnde Person, also den Täter oder Urheber eines Geschehens, in den Vordergrund. Das Subjekt des Satzes hat eine aktive Rolle.
Gegensatz: Passiv. (▸ Genus verbi)
ich lese, er geht, ihr ruft, sie schwimmen

Anrede
am Brief- und Satzanfang im ▸ Nominativ.
hallo Tim; (meine) sehr geehrte(n) Damen und Herren
höfliche Anrede in der 3. Person Plural.
Danke für Ihren Brief. Können Sie mir bald antworten?

Apostroph
Auslassungszeichen.
Wie geht's? Max' Schuhe; Ku'damm

Apposition
Besondere Form des ▸ Attributs, meist nachgestellt.
Frau Hempel, unsere Chefin, ist immer pünktlich. Nina mag Tiere, besonders Pferde.

Artikel (Geschlechtswort)
ein ▸ Begleiter des Nomens.
bestimmter Artikel (Definitartikel): der/die/das; das Brot, die Schuhe, den Kindern
unbestimmter Artikel (Indefinitartikel): ein/eine; einem Mann, eine Möglichkeit
verneinender Artikel (Negationsartikel): kein, keine; keine Fragen

Attribut (Beifügung)
Satzgliedteil, das ▸ Satzglieder ergänzt.
Das ist ein sehr buntes Kleid. Das Haus meiner Eltern wurde umgebaut.

Ausrufezeichen
Satzzeichen am Ende von Aufforderungs-, Befehls- und Wunschsätzen.
Mach mit! Hört gut zu! Alles Gute!

Aussagesatz
einfacher Satz, mit dem Feststellungen, Mitteilungen oder Sachverhalte formuliert werden.
Sie liest ein Buch. Wir verreisen bald.

B

Bedingungssatz ▸ Konditionalsatz

Befehlsform ▸ Imperativ

Begleiter
zusammenfassender Begriff für ▸ Wortarten, die ein Nomen begleiten können.

Einige Fragen blieben offen. Die Aufgabe hat keine Lösung.

Beifügung ▸ Attribut

Bestimmungswort
erster Bestandteil eines zusammengesetzten Wortes (▸ Kompositum), der das Grundwort näher bestimmt.
Sonnenschirm, Lesebrille, gastfreundlich

Beugung ▸ Flexion

Bezugswort
Wort, auf das sich ein anderes Wort bezieht; z. B. haben alle Begleiter, Adjektive, Präpositionen und Relativpronomen Bezugswörter.
auf dem Tisch; ein schönes Haus; die Personen, die verdächtigt wurden

Bindewort ▸ Konjunktion

Bruchzahl
beschreiben Teile eines Ganzen.
halb, drittel; ein Achtel Kilo

D

Dativ
3. Fall, wem-Fall (▸ Kasus).
Das gehört dem Jungen. Wir glauben dir.

Deklination (Flexion, Beugung)
Veränderung von deklinierbaren Wörtern (Nomen, Pronomen, Adjektive) durch Anhängen von Endungen für die Kasus- und Numerusformen. Man unterscheidet ▸ starke Deklination, ▸ schwache Deklination und ▸ gemischte Deklination.
unser Freund, eine gute Freundin, den Freunden

Demonstrativpronomen
hinweisendes Fürwort, weist auf eine bereits bekannte Sache bzw. Person hin (▸ Pronomen).
dieser Tipp, jenes Auto, derselbe Mensch

Derivation ▸ Ableitung

Diminutiv
Verkleinerungsform bei Nomen durch Anhängen bestimmter Suffixe.
Kindchen, Säugling, Herzelein

Diphtong (Doppellaut)
auch Zwielaut, besteht aus zwei Vokalen.
Bauer, Räume, Bein

direkte Rede
wörtliche Rede, wird im Gegensatz zur ▸ indirekten Rede in Anführungszeichen gesetzt.
Otto sagt: „Jetzt geht es los."

direktes Objekt ▸ Objekt

E

Eigenname
Name für Personen, Tiere, Gebäude, Städte, Flüsse, Länder.
Goethe, Katharina, Wien, Elbe, Schweiz

Eigenschaftswort ▸ Adjektiv

Einschub ▸ Parenthese

einwertiges Verb
Verb, das kein ▸ Objekt zulässt.
Er niest. Es regnet. Sie hustet.

Einzahl ▸ Singular

Elativ
Form des ▸ Superlativs eines Adjektivs zum Ausdruck einer sehr ausgeprägten Eigenschaft.
etwas mit höchster Vorsicht behandeln

Ellipse
bewusste Auslassung von Satzteilen oder Satzgliedern.
Wer da? Ohne Wenn und Aber. Verhandlung gescheitert.

F

Fall ▸ Kasus

feminin
weiblich, ein ▸ Genus.
die Katze, die Birne

finite Form
konjugierte (gebeugte) Form bei Verben.
du siehst, wir schreiben, er wandert

flektieren (beugen) ▸ Flexion

Flexion (Beugung)
zusammenfassender Begriff für Deklination und Konjugation, d. h. Veränderung von Nomen, Pronomen, Adjektiven (▸ Deklination) und Verben (▸ Konjugation) durch Anhängen verschiedener Endungen.

Fragepronomen ▸ Interrogativpronomen

Fragesatz
eine Satzart, die meist mit einem Fragewort beginnt und mit einem Fragezeichen endet.
Wer bist du? Was machst du? Wohin gehst du?

Fragewort
leitet als ▸ Interrogativpronomen oder ▸ Interrogativadverb Fragesätze ein

Fragezeichen
Satzzeichen am Ende von Fragesätzen.
Wo sind wir gelandet? Hast du das gesehen?

Fremdwort
Wort, das aus einer anderen Sprache ins Deutsche übernommen wurde und dessen ursprüngliche Schreibung und Aussprache weitgehend erhalten sind.
beige, Computer, Döner, Feedback, Risotto, Visite

Fürwort ▸ Pronomen

Fugenelement/Fugenlaut
eingeschobener Hilfslaut.
Arbeitsweise, mausetot, Schmerzensgeld, versehentlich

Funktionsverbgefüge
Gefüge aus Verben mit Nomen, bei denen das Verb seine ursprüngliche Bedeutung verliert.
zum Ausdruck bringen, in Gang kommen, Anwendung finden

Futur I (Zukunft)
eine der sechs Zeiten.
Er wird gehen. Sie werden laufen.

Futur II (vollendete Zukunft)
eine der sechs Zeiten.
Er wird gegangen sein. Sie werden gelaufen sein.

....

G

Gegenwart ↘ Präsens

gemischte Deklination
Deklination von Nomen und Adjektiven, die Merkmale der ▸ starken Deklination und der ▸ schwachen Deklination aufweist.
der Name – des Namens

gemischte Konjugation (unregelmäßige Konjugation)
Konjugation von Verben, die Merkmale der ▸ regelmäßigen Konjugation und der ▸ unregelmäßigen Konjugation aufweist.
ich denke – ich habe gedacht

generisches Maskulinum
maskuline Wörter, die sowohl männliche wie weibliche Personen bezeichnen.
niemand, die Teilnehmer

Genitiv
2. Fall, wessen-Fall (▸ Kasus).
am Tag der Geburt; das Ergebnis meiner Rechnung

Genus (Geschlecht)
grammatisches Geschlecht, das Dingen, Personen, Tieren und Pflanzen zugewiesen wird.
maskulin (männlich): der Garten; feminin

(weiblich): die Blume; neutral (sächlich): das Unkraut

Genus verbi
Verwendungsweise und Handlungsrichtung eines Verbs: aktiv oder passiv (▸ Aktiv, ▸ Passiv).
tragen – getragen werden

Gerundiv
von transitiven Verben gebildete Form aus zu + ▸ Partizip I.
der zu zahlende Betrag, die zu lösenden Aufgaben

Geschlecht ▸ Genus

Gleichzeitigkeit
zeitlich paralleles Verhältnis der Handlungen in Haupt- und Nebensatz
Während sie arbeiten, bin ich in der Schule.

Gliedsatz
▸ Nebensatz, der ein Satzglied ersetzt.
Weil es schneit, ist die Straße gesperrt.

Grammatik
Lehre von der Sprache und ihren Gesetzmäßigkeiten.

Graphem
kleinste geschriebene Einheit, die die Bedeutung eines Wortes verändert (entspricht meist einem Buchstaben).
Leben – legen – Leber

Grundform ▸ Infinitiv

Grundstufe ▸ Positiv

Grundwort
letzter Bestandteil eines zusammengesetzten Wortes, der die Wortart, bei Nomen auch das Geschlecht und den Numerus des zusammengesetzten Wortes (▸ Kompositum) bestimmt.
Haustür, Autoreifen, sonnengebräunt

Grundzahl ▸ Kardinalzahl

....

H

Hauptsatz
grammatisch selbstständiger Satz.
Die Sonne scheint. Wir fahren zum Badesee.

Hauptwort ▸ Nomen

Hilfsverb (Hilfszeitwort)
unterstützt ein Vollverb bei der Bildung bestimmter Formen (z. B. bei zusammengesetzten Zeiten oder beim Passiv) und mehrteiliger ▸ Prädikate.
sein, haben, werden

Hochdeutsch
Standard- und Schriftsprache des Deutschen, wie sie an Schulen gelehrt wird.

Höchststufe ▶ Superlativ

Homonyme
Wörter mit identischer Schreibung, aber unterschiedlicher Bedeutung.
das Band – der Band, das Tor – der Tor

Homophone
Worte, die gleich klingen, aber unterschiedlich geschrieben werden.
Läute – Leute, Seite – Saite

Hypotaxe
Satzgefüge aus Haupt- und Nebensatz bzw. allgemein Anordnung von über- und untergeordneten Sätzen.
Sie gingen nach Hause, als es dunkel wurde.

I

Imperativ (Befehlsform)
ein ▶ Modus des Verbs, mit dem Anweisungen, Befehle oder Verbote ausgedrückt werden.
Sprich! Geht!

Imperfekt ▶ Präteritum

Indefinitartikel ▶ Artikel (unbestimmter)

Indefinitpronomen (unbestimmtes Fürwort)
wird gebraucht, wenn Personen oder Sachen nicht näher identifiziert oder ihre Anzahl, Menge, Größe usw. nicht genau bestimmt werden können oder sollen (▶ Pronomen).
alle, einige, jeder, viele

Indikativ (Wirklichkeitsform)
ein ▶ Modus des Verbs, der für die Darstellung der Wirklichkeit genutzt wird.
sie fährt, du rennst, wir fliegen

indirekte Rede
gibt Aussagen wieder, meist im Konjunktiv I.
Du sagtest, sie seien gekommen.

Infinitiv (Grundform)
unkonjugierte/nicht flektierte Form des Verbs.
schreiben, laufen, denken

Infinitivgruppe (Grundformgruppe)
erweiterter Infinitiv aus zu + Infinitiv + Objekt oder Adverbial als Ersatz für einen Nebensatz.
Sie liebt es, sonntags ausgiebig zu frühstücken.

Initialwort
Kurzwort, das aus Initialen, d. h. Anfangsbuchstaben einer Wortform oder Wortgruppe, besteht.
CD, PKW, USA

Inlaut
Laut im Innern eines Wortes.
Rede, Wecker, Masche

Interjektion (Empfindungswort)
nicht flektiertes Wort, das Empfindungen oder Geräusche beschreibt.
oh, puh, heul, miau
Auch Begrüßungswörter zählen dazu.
hallo, tschüs

Interpunktion (Zeichensetzung)
umfasst ▶ Satzzeichen, mit denen geschriebene Sätze gegliedert werden, und die Regeln zu ihrer Verwendung.

Interrogativadverb
Frageadverb zur Einleitung einer Ergänzungsfrage.
Wann kommst du? Wie heißt er? Wo wohnt sie?

Interrogativpronomen (Fragefürwort)
Fragewort, W-Wort, das einen Fragesatz einleitet (▶ Pronomen).
welcher, wer, was

Intonation (Betonung)
Heben und Senken der Stimme, vor allem bei Sätzen. Z. B.: Bei einer Entscheidungsfrage hebt sich die Stimme zum Satzende.
Was hast du heute vor?

intransitiv (nicht zielend)
ist ein Verb, das kein Akkusativobjekt bei sich haben kann und kein persönliches ▶ Passiv bildet.
husten, helfen

Inversion
Positionierung des Subjekts direkt hinter die Personalform des ▶ Prädikats.
Jetzt lese ich vor.

IPA (Internationales Phonetisches Alphabet)
Lautschriftalphabet.
[ɐ], [ə], [ʤ]

K

Kardinalzahl (Grundzahlwort)
gibt eine genaue Menge bzw. Anzahl von Personen, Dingen oder Sachverhalten an.
eins, zwei, drei

Kasus (Fall)
Deklinationsform, die Nomen, Adjektive, Pronomen, Artikel und Zahlwörter für die Übernahme einer Aufgabe im Satz annehmen.
Nominativ (1. Fall), Wer-Fall: der Mann
Genitiv (2. Fall), Wessen-Fall: des Mannes
Dativ (3. Fall), Wem-Fall: dem Mann
Akkusativ (4. Fall), Wen-Fall: den Mann

kausal
den Grund angebend.

Komma
Satzzeichen, das innerhalb von Sätzen nach bestimmten Regeln gliedert.
Pia weiß, wie Kommas gesetzt werden. Oli, Lotte, Eva und Karl üben noch.

Komparation ▸ Steigerung

Komparativ (Steigerungsstufe)
zweite Stufe der ▸ Steigerung des Adjektivs und des Adverbs.
größer, weiter, kleiner

Komposition ▸ Zusammensetzung

Kompositum (zusammengesetztes Wort)
Ergebnis der Komposition: Wort, das aus zwei oder mehr Wörtern zusammengesetzt ist.
Glückwunschkarte, Parkhaus, langlebig, untergehen

konditional
die Bedingung angebend.

Konditionalsatz (Bedingungssatz, wenn-Satz)
Nebensatz, der eine Bedingung für die Handlung des Hauptsatzes stellt; wird eingeleitet durch die Konjunktionen **wenn**, **falls**.
Falls du heute nicht kommen kannst, treffen wir uns morgen.

Kongruenz (Übereinstimmung)
Anpassung der Flexionsendungen bei Verb, Adjektiv, Pronomen nach Genus, Numerus, Kasus und/oder der Person des Subjekts bzw. Bezugsworts.
guten Mutes, schönen Dingen, ich fahre, ihre Mutter

Konjugation (Beugung des Verbs)
Veränderung des Verbs durch Anhängen verschiedener Endungen, um das ▸ Genus verbi (Aktiv oder Passiv), den ▸ Modus, die ▸ Person, den ▸ Numerus und das ▸ Tempus (Zeit) festzulegen.
regelmäßige (schwache) Konjugation: machen – machte – gemacht

unregelmäßige (starke) Konjugation: laufen – lief – gelaufen
gemischte Konjugation: denken – dachte – gedacht

Konjunktion (Bindewort)
verbindet Satzglieder, Satzgliedteile und Sätze.
und, oder, weil, wenn

Konjunktiv (Möglichkeitsform)
ein ▸ Modus des Verbs, der Vorgänge und Handlungen in den Bereich des Möglichen, der Wünsche, der Nichtwirklichkeit und der indirekten Rede verschiebt.
Konjunktiv I: Er sagt, er sei krank.
Konjunktiv II: Wärest du nur gekommen!

konsekutiv
eine Folge beschreibend.

Konsonant (Mitlaut)
Laut, bei dessen Artikulation der Luftstrom teilweise oder vollständig behindert wird.
b, c, d, f, g ...

Kontext
sprachlicher Zusammenhang, in dem eine Äußerung/ein Text vorkommt.

Konversion
eines der Prinzipien der Wortbildung. Übertragung eines Wortes ohne Veränderung seiner Form in eine neue Wortart.
ernst – (der) Ernst, suchen – (die) Suche, leben – (das) Leben

konzessiv
einräumend.

Konzessivsatz (Einräumungssatz)
Nebensatz, der eine Handlung ausdrückt, die im Widerspruch zur Handlung des Hauptsatzes steht; wird eingeleitet durch die Konjunktionen **obwohl**, **obgleich**, **wenn auch**.
Es regnet, obwohl schönes Wetter vorausgesagt wurde.

Korrelat
Wort in einem übergeordneten Satz (meistens Hauptsatz), das auf den folgenden Nebensatz hinweist, ihn ankündigt.
Mir gefällt es, dass du nicht mehr rauchst.
Ich danke dir dafür, dass du mir geholfen hast.

Kurzwort
Ergebnis einer Kürzung: eine Kurzform, die neben seiner Langform als eigenständiges Wort existiert. (siehe auch ▸ Abkürzung)
Prof, CDU, Bus

Kürzung
eines der Prinzipien der Wortbildung. Durch Kürzung komplexer Wörter und Wortgruppen können neue Wörter entstehen.
Kita (Kindertagesstätte), Abo (Abonnement), EU (Europäische Union)

L

Laut ▶ Phonem

Leideform ▶ Passiv

Lexem
Wortbaustein, der gleichzeitig ein selbstständiges Wort ist.
Bild, lieb

lokal
Ort oder Richtung betreffend.

Lokaladverb
Adverb, das einen Ort oder eine Richtung angibt.
dort, gegenüber, hinten, links, rückwärts

M

maskulin (männlich)
ein ▶ Genus.
der Jäger, der Berg

Mehrzahl ▶ Plural

Mitlaut ▶ Konsonant

Mittelwort ▶ Partizip

modal
Art und Weise betreffend.

Modalverb (modales Zeitwort)
Verb, das die Art und Weise eines anderen Verbs oder einer Handlung näher bestimmt.
Du darfst mitgehen. Hunde müssen draußen bleiben. Sie können ausruhen.

Modus (Aussageweise)
Es gibt drei Aussageweisen des Verbs: ▶ Indikativ (Wirklichkeitsform), ▶ Konjunktiv (Möglichkeitsform), ▶ Imperativ (Befehlsform).

Morphem
kleinster bedeutungstragender Wortbaustein.
ver-geb-lich, Vor-aus-setz-ung

N

Nachsilbe ▶ Suffix

Nachzeitigkeit
Die Handlung des Nebensatzes folgt zeitlich der des Hauptsatzes.
Ich habe eingekauft, bevor ich zur Schule gefahren bin.

Namenwort ▶ Nomen

Nebensatz
inhaltlich vom Hauptsatz abhängiger und ihm in einer ▶ Hypotaxe untergeordneter Satz.
Ich weiß, dass du dich auskennst. Sie liest das Buch, das du geschrieben hast.

Negation ▶ Verneinung

neutral (sächlich, Neutrum)
ein ▶ Genus.
das Schiff, das Kind, das Bein

Nomen (Hauptwort, Substantiv)
Wortart, die Lebewesen, Pflanzen, Gegenstände und nicht mit den Sinnen wahrnehmbare Dinge benennt. Nomen werden dekliniert.
das Haus, die Sonne, der Garten, die Freude

Nominativ
1. Fall, Wer-Fall (▶ Kasus).
Der Löwe brüllt. Wir gehen nach Hause.

Numerus (Zahl)
Man unterscheidet Singular (Einzahl) und Plural (Mehrzahl).
der Baum – die Bäume, du – ihr

O

Objekt (Satzergänzung)
ein ▶ Satzglied, das angibt, auf wen oder was sich die Handlung des Satzes bezieht. Man unterscheidet Akkusativobjekt (direktes Objekt), Dativobjekt (indirektes Objekt), Genitivobjekt und Präpositionalobjekt.
Akkusativobjekt: Wir nehmen diese S-Bahn.
Dativobjekt: Sie glauben uns.
Genitivobjekt: Wir gedenken der Verstorbenen.
Präpositionalobjekt: Ich warte auf deinen Anruf.

Ordinalzahl (Ordnungszahl)
Zahlwort, das eine bestimmte Position in Reihenfolgen und Rangfolgen ausdrückt.
der Erste, Zweite, Dritte

Orthografie (auch: Orthographie)
Regeln zur Rechtschreibung, richtige Schreibung.

P

Parataxe
Gleichrangigkeit, Nebenordnung von Sätzen oder Satzgliedern, Satzreihung.
Ich gehe zur Arbeit und du bleibst hier.

Parenthese (Einschub)
Satz oder Teilsatz, der in einen anderen Satz eingeschoben wird und dessen Struktur unterbricht.
Ich bin – das kannst du mir glauben – völlig erschöpft.

Partikeln
eine Gruppe nicht flektierbarer Wörter, die einen Teil des Satzes näher bestimmen bzw. hervorheben oder die innere Einstellung des Sprechers signalisieren, z. B. Verwunderung.
doch, bloß, wohl. Du gehst doch nicht etwa? Kannst du denn schon lesen?

Partizip (Mittelwort)
Man unterscheidet ▸ Partizip I und ▸ Partizip II. Ein Partizip kann dekliniert als Adjektiv (das spielende Kind, der gewachste Tisch) und als Nomen (Folgendes, meine Bekannten) gebraucht werden.

Partizip I (Partizip Präsens, Mittelwort der Gegenwart)
beschreibt einen Vorgang oder eine Handlung, die gleichzeitig mit der Handlung des Satzes stattfindet; wird wie ein Adjektiv oder Adverb benutzt.
Das weinende Kind ruft nach seiner Mutter.
Das Kind lief weinend nach Hause.

Partizip II (Partizip Perfekt, Mittelwort der Vergangenheit)
wird zur Bildung der zusammengesetzten Zeiten (Perfekt, Plusquamperfekt, Futur II) und beim Passiv benötigt. Kann dekliniert und wie ein Adjektiv benutzt werden.
Er hat angerufen.; das aufgeregte Kind

Passiv
Leideform bei Verben. Beim Passiv steht ein Geschehen oder eine Handlung am Subjekt im Vordergrund. Das Subjekt des Satzes hat dabei eine passive Rolle, die handelnde Person tritt in den Hintergrund. Gegensatz: Aktiv. (▸ Genus verbi). Man unterscheidet zusätzlich ▸ Vorgangspassiv und ▸ Zustandspassiv.
er wird geschlagen, wir werden verfolgt

Perfekt (vollendete Gegenwart)
eine der sechs Zeiten.
Ich bin gegangen. Ich habe gespielt.

Person
Es gibt drei grammatische Personen, und zwar jeweils im Singular (Einzahl) und im Plural (Mehrzahl).
ich – wir, du – ihr, er/sie/es – sie

Phonem
kleinste lautliche bedeutungsunterscheidende Einheit einer Sprache. Zur schriftlichen Darstellung dient die Lautschrift (▸ IPA).
biegen – siegen, krachen – Kragen

Phonetik
Teil der Lautlehre, der beschreibt, wie die Laute der gesprochenen Sprache gebildet werden.

Plural (Mehrzahl)
ein Numerus.
die Häuser, die Pferde

Plusquamperfekt (vollendete Vergangenheit)
eine der sechs Zeiten.
Ich war gegangen. Ich hatte gespielt.

Positiv (Grundstufe)
erste, nicht gesteigerte Stufe bei der ▸ Steigerung des Adjektivs und des Adverbs.
schön, gut, klein, neu

Possessivpronomen (besitzanzeigendes Fürwort)
gibt an, zu wem eine Person oder eine Sache gehört (▸ Pronomen).
dein Schreibtisch, unsere Pläne, ihr Geschenk

Prädikat (Satzaussage)
ein Satzglied, das die finite (= die Konjugationsendung tragende) Verbform eines Satzes enthält. Mit dem ein- oder mehrteiligen Prädikat wird eine Aussage über das Subjekt, also den Satzgegenstand, gemacht.
Es regnet. Ich habe gelernt. Er wurde vertrieben. Wir konnten singen. Ihr hättet es tun sollen.

Prädikativ
eine Ergänzung zum Prädikat, das sich inhaltlich auf das Subjekt oder ein Akkusativobjekt bezieht.
Sie ist Lehrerin. Er wird schnell wieder gesund. Das nenne ich eine Überraschung.

Präfix (Vorsilbe)
nicht trennbarer Wortteil, der einem anderen Wort vorangestellt wird und mit diesem ein neues Wort bildet.
Anschaffung, begleiten, erklären, zerteilen, vollenden

Präposition (Verhältniswort)
nicht flektierbare Wortart, die den ▶ Kasus
des nachfolgenden Nomens bestimmt. Prä-
positionen setzen Wörter oder Wortgruppen
zueinander in Beziehung und stellen ein
Verhältnis zwischen ihnen her.
mit, von, gegen, in

Präsens (Gegenwart)
eine der sechs Zeiten.
Ich gehe. Ich spiele.

Präteritum (Imperfekt, Vergangenheit)
eine der sechs Zeiten.
Ich ging. Ich spielte.

Pronomen (Fürwort)
stehen stellvertretend für Nomen oder Satz-
glieder oder begleiten Nomen als Artikel-
wort. Pronomen werden dekliniert.
ich, du, dieser, jeder, alle

R

Reflexivpronomen (rückbezügliches
Fürwort)
drückt meist aus, dass ein Geschehen oder
eine Handlung auf das Subjekt oder Objekt
eines Satzes zurückverweist (▶ Pronomen).
mich, dich, uns, euch, sich

regelmäßige Konjugation (schwache
Konjugation)
▶ Konjugation der Verben ohne Änderung
des Stammvokals oder der Stammform.
sie arbeitet, sie arbeitete, sie hat gearbeitet

Rektion (Verb: regieren)
Fähigkeit der Verben (aber auch der Adjekti-
ve und Präpositionen), ein von ihnen abhän-
giges Substantiv (oder Pronomen) in einem
bestimmten Kasus (▶ Objekt, ▶ Prädikativ)
zu fordern.
Er vertraut ihm. Ich lege es auf den Tisch.
Ich bin mir dieser Sache bewusst.

Relativsatz (Bezugssatz)
Nebensatz, der sich auf das Subjekt, ein
Objekt oder ein Adverbial im Hauptsatz
bezieht; wird durch ein Relativpronomen
oder Relativadverb eingeleitet.
Ich lese ein Buch, das sehr spannend ist.

rhetorische Frage
Frage, auf die keine Antwort erwartet wird.
Habe ich's nicht gleich gesagt?

S

Satz
in sich geschlossene Einheit, die aus
mindestens einem Wort oder aus mehreren
Satzgliedern besteht. Es gibt Haupt- und
Nebensätze, Hauptsätze werden inhaltlich
unterschieden in Satzarten wie Aussagesatz,
Fragesatz, Befehlssatz.

Satzbau ▶ Syntax

Satzglied
ein oder mehrere Wörter, die eine bestimmte
Aufgabe im Satz erfüllen und nur gemein-
sam verschoben oder durch ein Pronomen
ersetzt werden können.
Das grüne Haus (Subjekt) am Ende der Stra-
ße (Adverbial) gehört (Prädikat) meinem
jüngsten Bruder (Dativobjekt).

Satzzeichen
gliedern innerhalb eines Satzes oder als
Satzschlusszeichen am Ende eines Satzes
innerhalb eines Textes.
: , ; ' ( ) . ! ?

schwache Deklination
▶ Deklination von Nomen und Adjektiven
ohne besondere Merkmale.

Selbstlaut ▶ Vokal

Silbe
aus einem oder mehreren ▶ Phonemen
bestehende Spracheinheit in Wörtern.
re-den, ver-tei-len, Gram-ma-tik

Singular (Einzahl)
ein Numerus.
das Haus, ein Pferd, ich

Stammformen
die drei Formen eines Verbs, die erkennbar
machen, ob das Verb regelmäßig oder
unregelmäßig konjugiert wird (▶ Verbstamm,
▶ Konjugation).
gehen (Infinitiv) – ging (Präteritum) – ge-
gangen (Partizip II)

Stammprinzip
eine Regel für die Rechtschreibung, wonach
der Wortstamm in allen Wortformen mög-
lichst unverändert bleiben soll (▶ Ableitung).
rund – Runde – abrunden

Stammvokal
betonter ▶ Vokal im Inneren eines
▶ Verbstamms, der sich in einigen gebeug-
ten Formen verändert. (▶ unregelmäßige
Konjugation)
nehmen – nahm – genommen, ich fahre – du
fährst

starke Deklination
▶ Deklination mit besonderen Merkmalen bei Nomen, Adjektiven und Pronomen.

Steigerung (Komparation)
des Adjektivs und des Adverbs in den drei Stufen Positiv, Komparativ, Superlativ.
laut – lauter – am lautesten, hoch – höher – am höchsten

stimmhafte Laute
Laute, bei deren Bildung die Stimmlippen (Stimmbänder) durch die Luft aus der Lunge in Schwingung versetzt werden.
a, o, m, n …

stimmlose Laute
Laute, bei deren Bildung die Stimmlippen (Stimmbänder) nicht in Schwingung versetzt werden.
f, k, p, t …

Subjekt (Satzgegenstand)
ein ▶ Satzglied im Nominativ, das etwas tut bzw. mit dem etwas getan wird. Mit dem Subjekt wird benannt, worum es in dem Satz geht (Satzgegenstand).
Das Unwetter zieht vorbei. Der Himmel ist blau.

Suffix (Nachsilbe, Anhängsel)
Wortteil, das nicht als selbstständiges Wort vorkommt; wird an ein Wort oder einen Wortstamm angehängt und bildet so ein neues Wort.
Mitgliedschaft, launisch, lustig

Superlativ (Höchststufe)
dritte, höchste Stufe der ▶ Steigerung des Adjektivs und des Adverbs.
am schnellsten; der schnellste Zug

Syntax
Lehre vom Satzbau, d. h. von der Zusammensetzung und Reihenfolge der Satzglieder innerhalb eines Satzes.
Sie niesen. (Subjekt + Prädikat); Geh nach Hause! (Prädikat + Adverbial)

T

temporal
die Zeit betreffend.

Tempus (Zeit, Zeitform, Plural: Tempora)
Zu den Zeitstufen Gegenwart, Vergangenheit und Zukunft gehören sechs Zeiten, das sind die einfachen Zeiten ▶ Präsens und ▶ Präteritum und die zusammengesetzten Zeiten ▶ Perfekt, ▶ Plusquamperfekt, ▶ Futur I und ▶ Futur II.

transitiv (zielend)
ist ein Verb, das Akkusativobjekte bei sich haben kann.
Ich lese diese Liste.

trennbares Verb
Verb mit abtrennbarem Verbzusatz.
hierbleiben – bleib hier!; vorkommen – das kommt vor

U

Umlaut
Die deutsche Sprache kennt drei Umlaute.
ä, ö, ü; Väter, Möhre, spüren

unpersönliches Es
ist Subjekt in Sätzen mit unpersönlichen Verben oder mit unpersönlichem Passiv.
Es regnet nicht mehr. Es wurde viel gelacht.

unpersönliches Passiv
wird mit es gebildet aus einem Aktivsatz ohne Akkusativobjekt. Derjenige, der von der Handlung betroffen ist, wird nicht genannt.
Es wurde viel getrunken.

unpersönliches Verb
Verb, das nur unpersönlich mit es benutzt werden kann.
Es regnet. Es schneit. Es hagelt.

unregelmäßige Konjugation (starke Konjugation)
▶ Konjugation der Verben mit Wechsel des Stammvokals.
du hilfst, du halfst, du hast geholfen

untrennbares Verb
Verb mit Präfix, dessen Formen immer ungetrennt bleiben.
verlieren – ich habe verloren, vollenden – er wird vollendet haben

V

Valenz (Wertigkeit)
Fähigkeit des Verbs (Prädikats), die Zahl der Satzglieder in einem Satz zu bestimmen.
einwertig: Ich gähne. (Subjekt + Prädikat)
zweiwertig: Ich schreibe einen Brief. (Subjekt + Prädikat + Akkusativobjekt)
dreiwertig: Ich gebe dir ein Buch. (Subjekt + Prädikat + Dativobjekt + Akkusativobjekt)

Verb (Zeitwort, Tätigkeitswort)
Verben werden konjugiert (▶ Konjugation) und bilden das zentrale Element der Satzaussage (▶ Prädikat). Verben benennen Zustände, Prozesse und Tätigkeiten.
spielen, sein, wachsen

Verbstamm (Stamm des Zeitworts)
Basis des Verbs, ergibt sich, wenn man am Ende des Infinitivs **-en/-ern/-eln** wegstreicht.
spielen, wandern, klingeln

Vergangenheit ▶ Präteritum

Vergleichsformen ▶ Steigerung

Verhältniswort ▶ Präposition

Verneinung (Negation)
Wörter, Satzglieder (Sondernegation) und ganze Sätze (Satznegation) können verneint werden.
kein Glück; Er spielt nicht gut. Das weiß ich nicht.

Vokal (Selbstlaut)
Laut, bei dessen Artikulation der Luftstrom den Mundraum ungehindert passiert.
a, e, i, o, u

Vollverb (vollwertiges Zeitwort)
Verb, das ohne Verbindung mit anderen Verben das ▶ Prädikat bilden kann.
fahren, singen, denken

Vorgangspassiv
Passivform, die einen Vorgang beschreibt.
Das Licht wird ausgemacht.

Vorsilbe ▶ Präfix

Vorzeitigkeit
Die Handlung des Nebensatzes liegt zeitlich vor der des Hauptsatzes.
Ich gehe nach Hause, nachdem ich gelernt habe.

....

W

Wort
selbstständige sprachliche Einheit.

Wortart
Klassen, in die man die Wörter einer Sprache nach bestimmten Merkmalen einteilt.
Adjektiv, Nomen, Verb ...

Wortbildung
Bildung neuer Wörter durch Abwandlung bestehender Wörter nach bestimmten Regeln. (▶ Ableitung, ▶ Konversion, ▶ Kürzung, ▶ Zusammensetzung)
Dunkelheit, ursprünglich, blitzblank, Abo

Wortfamilie
Wörter, die alle vom selben Wortstamm abgeleitet sind.
send – senden, Sendeschluss, Versand

Wortgruppe
aus mehreren Wörtern bestehende Sinneinheit.
drei Jahre alt, schrecklich laut

Wortstamm
Grundbaustein eines Wortes ohne Flexionsendung, Vor- oder Nachsilbe.
wort, fahr, viel, hand, leit

....

Z

Zahl ▶ Numerus

Zahladjektiv
Zahlwort, das ein Adjektiv ist oder adjektivisch benutzt werden kann.
zwei Tassen, zum vierten Mal

Zeichensetzung ▶ Interpunktion

Zeit, Zeitform ▶ Tempus

Zeitenfolge
Reihenfolge der Handlungen in Haupt- und Nebensatz. Man unterscheidet ▶ Gleichzeitigkeit, ▶ Vorzeitigkeit und ▶ Nachzeitigkeit.

Zeitwort ▶ Verb

Zukunft ▶ Futur I

Zusammensetzung (Komposition)
eines der Prinzipien der Wortbildung: Zwei oder mehr selbstständig vorkommende Wörter werden zu einem neuen Wort verbunden.
Telefon + Nummer + Liste: Telefonnummernliste

Zustandspassiv
Passivform, die einen Zustand beschreibt.
Das Licht ist gelöscht.

Zwielaut ▶ Diphtong